손에 잡히는
교대근무제와 유연근무제

손에 잡히는 교대근무제와 유연근무제

발행일	2020년 3월 27일

지은이	정학용		
펴낸이	손형국		
펴낸곳	(주)북랩		
편집인	선일영	편집	강대건, 최예은, 최승헌, 김경무, 이예지
디자인	이현수, 한수희, 김민하, 김윤주, 허지혜	제작	박기성, 황동현, 구성우, 장홍석
마케팅	김회란, 박진관, 조하라, 장은별		
출판등록	2004. 12. 1(제2012-000051호)		
주소	서울특별시 금천구 가산디지털 1로 168, 우림라이온스밸리 B동 B113~114호, C동 B101호		
홈페이지	www.book.co.kr		
전화번호	(02)2026-5777	팩스	(02)2026-5747

ISBN	979-11-6539-130-0 13320 (종이책)	979-11-6539-131-7 15320 (전자책)	

이 도서의 국립중앙도서관 출판예정도서목록(CIP)은 서지정보유통지원시스템 홈페이지(http://seoji.nl.go.kr)와 국가자료공동목록시스템(http://www.nl.go.kr/kolisnet)에서 이용하실 수 있습니다.
(CIP제어번호: CIP2020012080)

생산성과 근로의욕을 동시에 높이는
가장 스마트한 노무관리법

손에 잡히는
교대근무제와
유연근무제

정학용 지음

52시간 근무제, 4차 산업혁명의 도래,
워라밸 중시 풍토, 통상임금 범위 확대 등
네 가지 도전과제에 봉착한 한국의 중소기업.
현직 공인노무사가 근로시간 관리를 통한 해법을
명쾌하게 알려 준다!

북랩 book Lab

 우리 중소기업들은 4차 산업혁명의 파고 속에 근로시간 단축과 임금 고공 인상 등 위기의 경영환경에 놓여있다. 과거에는 기술력이 조금 부족해도 저가의 대량생산으로 위기를 극복했고, 장시간 근로로 생산성을 대신하고 임금도 보완했다. 하지만, 실시간으로 지구 반대편의 제품까지 구매 가능한 무한 경쟁체제하에서는 중소기업도 글로벌 경쟁력을 갖출 것을 요구하고 있고, 저원가 대량생산으로는 중국이나 인도, 베트남 등과 경쟁할 수가 없게 되었다.

 이제 옆 건물에 있는 경쟁기업보다 오래 불을 켜고, 좀 더 낮은 가격으로 제품을 생산하는 패러다임은 한계에 도달했다. 전 세계에는 우리보다 더 낮은 임금으로 더 오래 일하는 기업들이 하늘의 별만큼이나 많다. 그래서 이들 기업보다 더 생산적이고 창의적인 제품이나 서비스를 만들어 낼 수 있는 방안의 모색이 필요하다.

 우리 기업들의 근로시간 관리 방식은 대부분 2.0이다. 즉, 구성원들의 출퇴근 시간을 관리하고 자리 이석을 점검하고 휴가나 휴일을 통제하는 등 효율성 중심으로 관리하고 있다. 이러한 관리 방식으로는 4차 산업혁명 시대가 요구하는 창의력이나 문제해결력을 배양할 수 없다. 당장 주어진 현안을 따라가기에 급급하여 매일 야근하는 직원에게 창의력까지 주문하는 것은, 마치 자가용 운전조차 버거운 사람에게 비행기 운항을 주문하는 것과 같다.

글로벌 기업들은 근로시간 관리 패러다임을 통제권 강화에서 자율성 부여로 부지런히 진화시켜 가고 있다. 이러한 사례는 구글 (Google), 3M, 자포스(Zapos) 등에서 발견된다. 이들 기업들은 사업장에서 새로운 제품이나 서비스를 개발하고 부가가치를 높이기 위해 자율성을 강화하고 있다. 구글의 20% 룰과 3M의 15% 룰은 직원들이 스스로 업무시간의 20% 또는 15%를 할애해서 자신이 원하는 프로젝트를 수행하도록 하는 것으로, 그 결과 Gmail과 Posi-it 등의 제품이 세상에 나왔다. 온라인 신발업체로 아마존(Amazon)에 10억 불에 인수된 자포스도 근로시간의 10%~20%를 팀 빌딩이나 구성원 간의 교류를 위해 사용하도록 하고 있다.

우리 기업들의 근로시간 관리도 통제 중심의 2.0에서 자율성을 강조하는 3.0으로 서서히 옮겨가야 한다. 그나마 조직 구성원들에게 자율성을 부여하고 워라밸 수준을 높일 수 있는 제도가 유연근무제이다. 인적·물적 인프라가 취약한 중소기업은 유연근무제 도입이나 교대근무제 개편이 쉽지 않다. 그래서 기업들의 이러한 어려움 해결에 도움이 되고자 그동안 장시간 근로 개선 컨설팅을 하면서 개발한 solution을 가지고 책으로 엮게 되었다.

봄을 재촉하는 가랑비가 내리던 3월의 어느 날, 우리 '장시간 근로 개선 매뉴얼' 제작팀 멤버들은 어느 커피숍에서 얼굴을 마주했다. 이때 본서의 제목 선정을 부탁했고 우리 멤버들, 이한나 책임연구원, 김성진 선임연구원 그리고 강혜원 노무사 모두 흔쾌히 도움을 주었다. 그래서 책 제목을 어렵지 않게 선정할 수 있었다. 팀 멤버들에게 감사의 마음을 전한다.

이 책은 여타 근로시간 관련 책자들에 비해 다음과 같은 특징들을 가지고 있다.

첫째, 그동안 근로시간 관련 서적은 법률 서적이어서 현장 실무자들의 입장에서는 난해하고 지루한 측면이 있었다. 본서는 법률 서적의 조문 나열식 설명을 탈피하고 실제 컨설팅 내용을 도표나 그림을 활용하여 이해가 쉽다.

둘째, 기업 현장의 다양하고 깊은 체험과 노무사로서의 활동 그리고 기업 컨설팅 경험을 바탕으로, 사업장에서 교대근무제나 유연근무제를 이해하고 쉽게 적용할 수 있도록 다양한 사례들과 방안들을 포함하고 있다.

셋째, 이미 현장에서 입증된 독특한 solution을 포함하고 있다. 교대근무제의 이해를 높여주는 '교대제 방정식'나 탄력적 근로시간제의 '조정형'과 '배치형' 그리고 '근로시간 관리 3.0' 등은 독자들의 근로시간에 대한 통찰력을 높이는 데 일조할 것이다.

넷째, 교대근무제와 유연근무제를 설계하려면 근로시간 전반에 대한 이해가 선행되어야 한다. 그래서 본서의 제목은 『손에 잡히는 교대근무제와 유연근무제』이지만, 근로시간 전반을 체계화하여 근로시간 이해를 돕고 있다.

부족하지만 이러한 특징들이 독자들에게 쉽게 전달되어, 교대근무제 개선이나 유연근무제의 설계에 어려움을 겪는 중소사업장이나 인사노무 담당자들에게 조금이라도 도움이 되었으면 더할 나위 없이 좋겠다. 마지막으로 이 책은 시앤피컨설팅이라는 거인의 어깨가 있었기에 저술이 가능했다. 내부 자료의 사용을 흔쾌히 허락하여 주신 조세형 대표님과 일터혁신본부 김은경 이사님께 감사의 말씀을 드리고 어깨가 되어 준 일터혁신본부 동료들에게도 고마움을 전한다.

2020년 3월
정하윤

Contents

\ 근로시간 관리는 왜 필요한가? /

\ 근로시간에 대한 이해 /

\ 근로시간의 연장도 필요하다 /

\ 근로시간 관리의 핵심은 근로시간 단축이다 /

\ 교대근무제의 설계 /

\ 유연근무제의 설계 /

\ 휴식은 근로시간을 충실하게 만든다 /

근로시간 관리는
왜 필요한가?

근로시간 관리 1.0은 엄격한 통제관리, 근로시간 관리 2.0은 효율성 관리, 근로시간 관리 3.0은 자율성 강화로 매치된다. 이런 관점에서 기업들의 근로시간 관리 행태를 보면 대부분의 기업이 근로시간 관리 2.0의 행태를 보이고 일부 기업들이 근로시간 관리 3.0의 형태를 보인다.

- 본문 중에서

1 ▶ 근로시간 관리도 2.0에서 3.0으로 진화해야···

조직은 개성과 감정이 다른 다양한 사람들이 함께, 비전과 핵심가치, 전략을 실현하는 곳이다. 조직이 다양한 사람들로 구성되어 목표 달성을 향해 움직일 수 있는 것은 최소한의 기본질서, 근로시간의 적절한 관리를 통해서이다. 조직은 근로시간의 적절한 관리를 통하여 경쟁력을 만들어 낸다.

근로시간 관리란 전략목표 달성을 위해 적절한 근로시간을 투입하는 활동이다. 전략목표 달성을 위하여 근로시간 투입을 줄이기도 하고 또는 유연하게 하기도 하며 때로는 업무 수준이나 인력 여건에 따라 늘리기도 하는 것이 근로시간 관리이다. 그래서 근로시간 관리는 〈그림 1-1〉에서 보는 바와 같이 생산성 향상 활동이고 워라밸(work-life balance) 향상 활동이자 궁극적으로는 경쟁력 제고 활동이다.

경영 사상가 다니엘 핑크는 『드라이브』라는 책에서 모티베이션의 진화를 통해 경영환경의 변화를 설명하고 있다. 사람의 행동을 지배하는 모티베이션이 진화를 하여 현재는 모티베이션 3.0 시대가 되었다고 한다. 모티베이션 1.0 시대에는 생물학적 동기, 모티베이션 2.0 시대에는 경제적 보상, 그리고 모티베이션 3.0 시대에는 일이 주는 즐거움 자체가 동기유발 요소리고 했다.

이를 근로시간 관리에 응용하면, <표 1-1>에서 보는 것처럼 근로시간 관리 1.0은 엄격한 통제관리, 근로시간 관리 2.0은 효율성 관리, 근로시간 관리 3.0은 자율성 강화로 매치된다. 이런 관점에서 기업들의 근로시간 관리 행태를 보면 대부분의 기업이 근로시간 관리 2.0의 행태를 보이고 일부 기업들이 근로시간 관리 3.0의 형태를 보인다.

<표1-1> 근로시간 관리의 진화

구분	1.0	2.0	3.0
모티베이션	생물학적 동기	경제적 보상	일 자체의 즐거움
근로시간 관리	엄격한 통제 관리	효율성 관리	자율성 강화

예를 들면, 어떤 기업은 흡연과 잡담으로 자리를 비우는 경우엔 출입 기록에 따라 분 단위로 근로시간을 기록하기도 하고, 강제로 PC를 끄게 하고 퇴근시키는 기업도 있다. 이러한 활동은 근로시간 관리 2.0의 전형이다. 한편, 브라질의 글로벌 기업인 셈코는 직원들이 언제 근무할지, 얼마나 많이 일할지도 스스로 결정하도록 하고 있는데, 이러한 활동은 근로시간 관리 3.0 행태이다.

근로시간 관리는 2.0에서 3.0으로 진화해야 하지만, 그것은 상황에 따라 점진적으로 추진되어야 한다. 그러기 위해서는 사업장의 업무 특성, 생산물의 내용, 설비 종류, 근로자들의 연령, 혼인 여부나 성향, 소득수준, 조직문화 등을 근로시간 관리에 반영할 수밖에 없다. 다만, 4차 산업혁명 환경에서는 창의성이나 문제해결력 등의 역량이 중요시되므로, 근로시간 관리는 구성원들의 만족도나 행복을 증진하는 근로시간 관리 3.0 방향으로 발전해 나가야 한다. 그뿐만 아니라 1주 52시간 체제도 근로시간 관리 3.0과 연관이 깊다.

이제 막 1주 52시간 체제에 돌입한 우리 중소기업들은 준비가 부족할 뿐만 아니라 전문 인력이나 시스템도 취약하다. 특히 사회가 고도화됨에 따라 고용 형태가 다양해지고 재량근로제나 재택근무제 등 개별적 근로 형태가 확산되고 있어 근로시간 관리에도 어려움이 많다. 그래서 중소기업들에게 근로시간 관리 지원은 절실하다.

중소기업들의 근로시간 관리는 기업의 경쟁력을 제고하고 근로자들의 고용을 보장해야 하는 방향으로, 다음과 같이 진행되어야 한다(<그림 1-1> 참조).

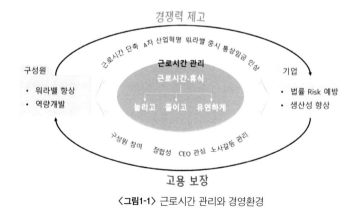

<그림1-1> 근로시간 관리와 경영환경

첫째, 구성원들의 워라밸(Work and Life Balance)이 향상되어야 한다. 근로시간을 단축하게 되면 여가시간 증가로 삶의 질이 향상되는 것은 사실이지만, 연장근로나 야근이 여전하다든지 음주문화가 개선되지 않는다면 근로자의 삶의 질에는 큰 변화가 없게 된다. 따라서 근로시간의 단축과 더불어 근로자의 삶의 질이 개선될 수 있도록 야근문화나 음주문화 등 직장 중심 문화에서 가족 중심 문화로 변화시킬 필요가 있다.

둘째, 구성원들의 역량개발을 지원해야 한다. 근로시간 단축은 생산성 향상이 핵심이므로 구성원들의 역량향상이 뒷받침되어야 한다. 사업장에서 우수 인재는 늦게까지 일하는 직원이 아니라 업무목표를 효과적으로 끝내고 나머지 시간에는 운동이나 역량개발에 힘쓰는 스마트한 직원이다. 스마트한 직원이 연봉도 많이 받고 승진도 빨리하여, 구성원들이 스마트하게 일하는 조직문화를 만들어야 한다. 기업은 교육과정을 개설하거나 위탁 교육 지원 등 역량개발 지원을 확대해야 한다.

셋째, 법률적 리스크를 최소화해야 한다. 이제 사업장에서 1주 52시간을 초과하여 근무하는 직원이 있으면 이에 대한 집중 관리가 필요하다. 즉, 초과 근무가 개인의 문제인지, 리더의 문제인지, 아니면 회사 시스템의 문제인지를 파악해야 한다. 개인이나 리더의 문제면 구성원의 역량개발이나 리더의 관리역량 개선이 필요하고,

만약 회사 시스템의 문제라면 인력의 배치전환 등으로 다기능 인력을 양성하거나 탄력적 근로시간제 등 유연근무제도 도입을 추진해야 한다.

넷째, 생산성 향상을 도모해야 한다. 사업장에서 근로시간을 늘이든, 줄이든, 아니면 유연하게 하든 어떤 경우에도 생산성 향상에 초점을 맞추어야 한다. 우선, 연장근로 승인제도나 집중근무제 등을 도입하여 관행적인 야근이나 낭비적인 업무 관행도 근절해야 한다. 그리고 '워크 다이어트(Work Diet)'나 업무혁신 등으로 중복업무의 폐지나 비율적인 회의 운영 등을 개선해야 한다.

우리 중소기업들은 근로시간 관리 역량이 취약하다. 아직 근로시간 관리 2.0 행태도 버거워하고 있다. 그런데도 그동안 장시간 근로 관리에만 익숙한 우리 중소기업들에게 근로시간 단축을 요구하고 있다. 하지만, 아직은 늦지 않았다. 근로시간 관리 2.0으로 장시간 근로에 대해 집중 관리하고 근로자들의 삶의 질을 고려하고 역량을 개발하는 등의 방향으로 근로시간을 관리한다면, 근로시간 관리 2.0 수준은 넘어설 것 같다. 그렇다면 이번 근로시간 단축은 역경이 아니라 기회가 될 수도 있다.

2 〉 위기의 경영환경

역사학자 아놀드 토인비(Arnold Toynbee)는 인류문명을 '도전과 응전'의 역사라고 했다. 기업 발전도 경영환경에 대한 '도전과 응전'의 결과이다. 국가든, 기업이든 자신에게 주어진 환경을 슬기롭게 극복하면 성장과 발전을 이루게 되고 그렇지 못하면 역사의 뒤안길로 사라질 수밖에 없다. 한때 핸드폰의 최강자였던 모토로라는 구글에 인수되어 역사 속으로 사라졌다. 노키아, 소니도 한때 세계를 호령했지만, 지금은 많은 어려움을 겪고 있다.

날마다 새로 생겨나는 기업의 수는 부지기수이지만 이 중에서 생존하는 기업은 소수이다. 통계청 조사에 따르면, 우리나라 기업의 창업 수는 연간 203만 개 수준인데, 창업 후 3년간 생존율은 39.1%이고 5년간 생존율은 27.5%라고 한다. 즉, 기업이 창업하고 5년이 지나면 10개 기업 중에 3개만 살아남고 7개 기업은 사라진다는 의미이다. 왜 그럴까?

그것은 경영 여건이나 과제 등 경영환경에 대한 '도전과 응전'에 실패했기 때문이다. 그래서 '도전과 응전'이 중요하며 그 첫 단추가

경영환경을 제대로 파악하는 것이다. 기업들이 당면하는 경영환경은 하늘의 별 만큼 많겠지만, 현재 중소기업들이 근로시간과 관련한 당면 환경은 크게 4가지로 정리할 수 있다.

① 근로시간이 1주 52시간으로 단축
② 4차 산업혁명 시대 도래
③ 워라밸 중요시
④ 통상임금 범위 확대

이에 대한 우리 중소기업들의 '도전과 응전'은 미흡하다. 중소기업들은 전문인력이 부족하고 인프라가 취약하여 경영환경 변화의 대응에 미숙하다. 그렇다고 이를 누군가가 대신해 주지는 않는다. 다만, 옆에서 지원하고 조언해 줄 수 있을 뿐이고 그 책임은 온전히 그들의 몫이다. 이것이 우리 중소기업들 스스로가 역량을 키우고 고민하여 슬기롭게 대응해야 하는 이유이다.

우리나라는 중소기업들의 천지다. 사업체 수로는 99.9%, 종사자 수로는 87.9%가 중소기업이다. 그래서 중소기업의 실패는 우리 사회의 실패이고 우리 가정의 아픔이 된다. 이렇게 중소기업 문제는 결국 우리 모두의 문제이기 때문에 중소기업의 위기에 관심을 가져야 한다.

1) 근로는 최대 1주 52시간까지만 가능하다

지난 2018년 2월에 「근로기준법」 개정 사항이 국회를 통과하여, 장시간 근로가 1주 68시간에서 52시간으로 대폭 축소되었다. 그해 7월부터 근로자 300인 이상 기업부터 적용에 들어가, 2020년 1월부터는 50인 이상 기업에서, 그리고 2021년 7월부터는 전 사업장이 적용받게 된다. 다만, 기업체들의 준비사항을 감안하여 300인 이상 기업은 6개월의 유예를, 그리고 50인 이상 기업은 1년간의 유예기간을 받았다.

하지만, 유예기간은 계도를 위한 임시방편이므로, 중소기업들은 이 기간에 근로시간 축소에 대해 그동안 미진했던 다음과 같은 조치들을 취해야 한다.

첫째, 1주간의 근로시간이 휴일근로를 포함하여 68시간에서 52시간으로 줄어들었다. 그동안 연장근로나 휴일근로, 일명 '특근'이 많은 중소기업들은 이 기간 동안 근무체제 개편 등의 조치를 취해야 한다.

둘째, 관공서 공휴일(일요일, 국경일, 명절 등)이 민간에도 적용된다. 이전에는 관공서 공휴일이 민간에게 적용되지 않아, 중소기업들은 공휴일을 연차휴가로 대체하여 쉬는 경우가 많았다. 이제 관공서 공휴일이 근로자에게도 유급휴일로 보장됨에 따라, 연간 휴일이 15일 정도 늘어날 전망이다. 기업은 연차휴가 수당 증가와 휴일 증가에 따른 대체 인력 확보 등의 방안을 마련해야 한다.

셋째, 탄력적 근로시간제의 단위 기간 확대 등 제도개선을 '22. 12. 31일까지 완료하는 것으로 했다. 지금도 사회적으로 논의되고 있고 6개월 또는 1년 단위 탄력적 근로시간제가 도입되면 임금 보전 부분이 강화될 것이다. 그래서 탄력적 근로시간제의 확대를 기대하고 있는 사업장은 임금 보전에 대비한 생산성 향상 방안도 마련해야 한다.

넷째, 근로시간 특례업종의 범위가 축소(26개→5개 업종)되었다. 그동안 특례업종으로 장시간 근로에 의존해 왔던 중소기업들은 근로시간 관리 체계를 개선해야 한다. 휴일근로나 야간근로를 위해서는 인력충원이나 시간제 근로자 활용 방안을 마련해야 하고 또한 기존 직원들의 임금 하락에 대응하는 방안도 모색해야 한다.

2) 4차 산업혁명 시대에는 스마트하게 일해야 한다

우리는 4차 산업혁명 시대에 살고 있다. 4차 산업 혁명의 파괴력을 살짝 들여다볼 수 있었던 것이 지난 '알파고 사건'이었다. 우리의 예상과는 달리, 인간계 바둑의 최고 고수 이세돌 9단이 갓 태어난 인공지능(AI) '알파고'에 패했다. 이때 우리는 인공지능이 인간 생명을 에너지로 이용한다는 영화 〈매트릭스〉의 설정이 단순히 허구만이 아닐 것 같다는 섬뜩함을 경험했다.

4차 산업혁명은 제품 주기를 단축하고, 혁신을 일상화하며, 다품종 소량생산으로 일하는 방식을 획기적으로 변화시키고 있다. 종래 사업장은 두 가지 방향으로 진화해 갈 것이다. 장시간 근로나 단순 반복 작업에 의존하는 사업장은 컴퓨터나 로봇으로 대체될 것이고, 인간 중심의 사업장은 창의성이나 융합 또는 감성적인 작업 중심으로 변해 갈 것이다. 4차 산업혁명의 빠른 변화나 다품종 소량생산 등의 특징은 대기업보다 중소기업에게 유리한 측면이 있다.

지금 기업들이 직면하는 경영환경은 4차 산업혁명의 글로벌 무한경쟁체제이다. 최고의 기술력으로 최상의 제품을 만들지 못하면 생존하기 힘든 환경이다. 고객들은 안방에서 상품이나 서비스 정보를 실시간으로 검색하여, 최상의 제품이나 서비스를 시간이나 장소에 구애받지 않고 구매할 수 있기 때문이다. 지구 반대편에 있는 고객도 우리 고객이 될 수 있다는 점은 '좋은 뉴스'이지만, 반대로 그곳의 최고 기업이 우리 고객을 빼앗아갈 수 있다는 것은 '나쁜 뉴스'이다. 따라서 4차 산업혁명 시대에는 창의적이고 혁신적인 제품이나 서비스를 만들어 내야 생존할 수 있다. 여기에는 대기업이든, 중소기업이든 예외가 없다.

그 시작은 근로시간을 줄이는 것이다. 〈그림 1-2〉에서 보는 것처럼, 근로시간을 줄이니 생산성이 30% 증가하고, 매출이 3년 새 6배나 증가하며 업무효율이나 스트레스가 감소하고 직원들의 이직률까지 하락하는 효과가 발생한다. 왜 근로시간 단축이 이러한 결과를 만들어 내는 것일까?

〈**그림 1-2**〉 근무시간을 줄여 성공한 기업들[1]

근무시간 줄여 성공한 기업들

	퍼수트 마케팅 pursuit	NOMA	우아한 형제들	우버항공셔틀	도요타 예테보리 서비스센터 TOYOTA	The Globe 글로베
국가	영국	덴마크	한국	스웨덴		미국
업종	전화 마케팅	미슐랭 레스토랑	배달 서비스	차량 수리		노인 요양원
워라밸 정책	급여 유지하며 주 4일 근무 도입	레스토랑 오픈 주 5일에서 4일로 줄이며 주 4일 근무제 도입, 음식 가격 인상	생산성 향상 전제로 2015년 주 37.5시간, 2017년 35시간 근무 도입, 월요일에 오후 출근	근무시간 주당 38시간에서 30시간으로 줄임. 대신 교대제 도입하며 센터 운영시간은 늘려		근무 열심히 하면 주 30시간 근무에 40시간 급여 지급 (30/40 프로그램)
효과	생산성 30% 증가. 입사 지원 500% 증가. 병가 제로	밀려드는 손님 받느라 시달린 직원들의 스트레스 감소	매출 3년 새 6배로 증가. 월요일 오전 휴무로 업무 효율 향상	고객 대기 시간 감소. 효율성 높아져 근로시간 대비 정비공 수입 증가		호출 벨 응답 시간 57% 단축, 감염 65% 감소. 간호조무사 이직 감소

근로시간을 단축하면 업무 집중도가 올라가 생산성 향상이 이루어지고 또한 여가나 휴식을 늘어나게 한다. 여가나 휴식은 우리 신경세포들을 다듬고 관리하는 등 뇌를 치유하고 재정비하게 한다. 애플의 전설적 CEO였던 스티브 잡스는 산책을 통하여 문제의

---

[1] 최종석, "휴식은 복지만이 아니다. 집중해 창의적으로 일하기 위한 기술이다", 『Weekly Biz』, 2019. 11. 8.

실마리를 찾아냈고, 고대 그리스의 수학지인 아르키메데스는 '목욕통'에서 금관의 불순물을 찾는 방법을 알아냈으며, 뉴턴은 '사과나무 아래'에서 만유인력의 법칙을 발견했다. 즉, 인간의 창의력이나 혁신 그리고 문제해결력 등은 장시간 근로보다는 근로시간 단축과 연관이 있고, 휴식이나 여가가 이를 더욱 고양시킨다.

4차 산업혁명 시대에는 옆 건물에 있는 경쟁기업보다 오래 불을 켜고 열심히 일하는 패러다임으로는 한계에 도달했다. 전 세계에는 우리보다 더 낮은 가격으로 더 오래 일하는 기업들이 하늘의 별만큼이나 많다. 그래서 문제는 얼마나 오랫동안 일하느냐가 아니라 얼마나 창의적이고 혁신적으로 일하느냐이다. 그것은 기업들에게 짧고, 스마트하게 일할 것을 요구하고 있다.

3) 워라밸은 구성원뿐만 아니라 기업에게도 유익한 활동이다

인간은 마음의 지배를 받는다. 마음이 불편하면 만사가 짜증스럽고, 쉬운 일도 어렵게 되지만, 마음이 행복하면 아무리 어려운 일도 결국 해내고 만다. 그렇다고 마음을 떼놓고 다닐 수는 없다. 조직 구성원들은 회사에 출근하면서 머리와 몸만 오는 것이 아니라 마음도 함께 온다. 따라서 기업의 성과를 높이고 창의적인 기업이 되기 위해서는 구성원들의 마음 관리가 필요하다.

예를 들어, 딸이 유치원에서 학예회 발표가 있는 날이면, 몸은 회사에 있지만, 마음은 학예회 발표장에 가 있다. 이런 상황에서 사무실에 앉아 있다고 일이 잘될 리 없고 생산성이 오를 리 없다. 오히려 회사에 출근하기보다 유치원에 가서 딸이 무용하고 노래하는 모습을 보고 함께하는 것이 직원에게 더 행복하다. 그리고 그 행복한 마음을 사업장으로 가지고 와서 일하면 더 창의적이고 몰입도가 올라가게 된다. 이것이 마음 관리의 필요성이고, 워크 앤 라이프 밸런스, 즉 워라밸(work and life balance)을 강조하는 이유이다.

워라밸은 일과 삶의 균형 있는 생활을 추구하는 것이다. 이제 조직 구성원들은 직장 일만큼이나 취미생활, 가족생활 등 개인 생활도 중요하게 여긴다. 특히 M(Mobile 또는 Millennium) 세대들은 일과 육아의 균형이 깨어지면 과감히 직장을 떠나간다. 과거에는 부서 회식을 퇴근하기 전에 통보해도 아무런 불평 없이 100% 참석했다. 그러나 지금은 부서 회식을 하려면 적어도 1주 또는 2~3주 전에 공지해야 회식이 정상적으로 이루어진다. 이제 워라밸을 고려하지 않으면, 조직을 원만하게 운영할 수 없다.

국내 한 취업 포털사이트에서 구직자 400명을 대상으로 입사 희망 기업의 연봉과 야근 조건에 대해 설문조사를 했다. 구직자들은 연봉을 높게 주고 야근이 잦은 기업(11.8%)보다 연봉은 낮지만, 야근이 없는 기업을 선호(22.8%)했으며, 연봉이 중간 정도이고 야근이 적은 기업을 압도적(65.5%)으로 선호했다. 이제 기업들이 구성원들의 위라밸을 생각하지 않으면 우수한 인재를 뽑을 수가 없게 되었다.

위라밸의 강조가 단순히 직원들의 복리후생만을 증진하고자 하는 게 아니다. 위라밸은 직원들의 업무와 개인사 간의 갈등을 원천 봉쇄함으로써 업무 집중도를 높여 생산성을 향상시킨다. 즉, 위라밸 향상은 직원의 복지뿐만 아니라 기업 경쟁력 향상에도 필요한 활동이다.

4) 통상임금 범위가 확대되었다

근로시간과 임금은 근로조건의 2대 핵심이슈일 뿐만 아니라 서로 동전의 앞뒷면처럼 밀접한 관계를 맺는다. 근로시간이 많아지면 임금도 자연스럽게 올라간다. 임금은 생산원가로써 대외 경쟁력의 원천이 되기 때문에 기업에게 중요하지만, 근로자에게도 중요하다. 임금은 근로자에게 생계수단일 뿐만 아니라 사회적 지위의 상징이기 때문에 근로시간이 1주 52시간으로 단축될 때 근로자들의 초미의 관심사도 임금 하락 여부이다.

임금 중에서 정기적으로 일률적·고정적으로 지급되는 것이 통상임금이다. 통상임금 중 가장 대표적인 항목이 매월 고정적으로 지급되는 기본급이다. 통상임금의 증감은 직원이나 기업에게 매우 민감하다. 그것은 연장, 야간, 휴일근로에 대한 가산 임금과 해고에 고 수당 및 연차휴가 수당 등의 산정 기준이기 때문이다. 그래서 통상임금 증가는 사업장의 인건비 상승과 직결된다. 이것이 사업장에서 각종 수당을 신설할 때 그것이 통상임금에 포함되는지 여부를 먼저 검토해야 하는 이유이다.

그런데 사회적으로 통상임금의 범위가 확대되는 성격의 이슈들이 다음과 같이 계속 발생하고 있다.

① 상여금이 통상임금 범위에 포함되었다. 이것은 통상임금 관련 2013년 12월 18일 자 대법원의 판결에 기인한다. 이때 1임금 지급기간(1개월)을 초과한 기간마다 지급되는 정기상여금과 최소한도로 보장된 성과급, 기술수당, 근속 수당 등 각종 수당 등이 통상임금으로 인정되었다.

② 최저임금이 역대급으로 인상되고 있다. 2018년도에 16.4% 인상을 필두로 2019년 10.9%, 2020년에는 2.9% 인상되었다. 이제 최저시급 10,000원도 시간문제일 뿐이다. 최저임금 항목은 통상임금 항목과 유사하기 때문에 최저임금의 인상은 통상임금의 인상과 직결된다.

③ 최저임금과 통상임금의 일치를 추진하고 있다. 현재는 최저임금과 통상임금의 범위가 다르다. 복리후생이 최저임금에는 포함되지만, 통상임금에는 포함되지 않고 있으며, 1개월을 초과하여 지급되는 상여금 등은 최저임금에 포함되지는 않지만, 통상임금에는 해당한다. 그러다 보니 사업장에서 임금 항목을 최저임금에는 포함하도록 하면서 통상임금에는 포함하지 않도록 하는 편법적인 조치가 발생하고 있다. 예를 들면, 상여금을 매월 지급하면서 고정성을 부인(예: 지급일 현재 재직자에게만 상여금 지급 등)하게 되면 상여금이 최저임금에는 포함되지만, 통상임금에는 포함되지 않을 수 있다. 이것은 아직 정치권에서 논의되고 있는 수준이지만, 언젠가는 현실화될 것이고 그러면 기업의 부담은 한층 증가할 것이다.

이러한 통상임금의 확대에, 사업장에서는 임금 지급 주기라든지 지급조건 등을 개정하여 대응하고 있다. 특히, 연장근로가 많은 사업장의 경제적 부담이 크다. 통상임금 확대에 대한 올바른 대응은 바로 연장근로를 최소화하는 것이다. 사업장에서 '워크 다이어트(Work Diet)'나 '연장근로 승인제', 'PC 오프(Off)' 등을 실시하여 불요불급하고 관행화된 연장근로를 발본색원해야 한다.

3 ▶ 근로시간 관리는 스마트하게

우리는 시간 관리라고 하면 대개 초등학교 때 책상 위에 원으로 만들어 붙여 놓았던 일일 생활표를 떠올린다. 그래서 근로시간 관리를 일일 생활표의 일정을 지키는지를 감시하는 것으로 생각하는 경향이 있다. 그러나 우리가 책상 앞에 앉아 있었다고 해서 그 모든 시간 동안 공부한 것이 아니었듯이, 일일 생활표를 감시하듯이 근로시간 관리를 한다고 해서 직원들을 업무에 몰입시킬 수는 없다.

한때 세계 최고 기업으로 명성이 높았던 노키아와 코닥, 모토로라와 같은 기업들이 좋은 본보기이다. 이들 기업이 몰락한 이유는 구성원들의 나태함이나 노력 부족 때문이 아니었다. 오히려 이들 기업은 구성원들에게 높은 인센티브라는 당근과 채찍을 사용하여 그야말로 밤낮없이 달리게 했다. 그런데도 왜 이들 기업이 몰락했을까? 경영 사상가인 짐 콜린스는 『위대한 기업은 다 어디로 갔을까』라는 책에서 세계 최고 기업들의 몰락하는 이유는 올바른 방향 설정을 하지 못했기 때문이라고 분석하고 있다. 즉, 가야 할 곳은 설악산인데, 밤낮없이 말을 달려 도착해보니 지리산이었다는 말이다. 이는 근로시간 관리와 무관하지 않다. 근로시간 관리는 무조건 열심히 일하도록 하는 것이 아니라 스마트하게 해야 한다는 것이다.

그러면 어떻게 근로시간을 관리하는 것이 스마트하게 하는 것일까? 이 질문에 대해 허시(Hersey)와 블랜차드(Blanchard)의 상황적 리더십 이론이 해답을 제시해 주고 있다. 이 이론에 의하면, 근로시간 관리 방법은 〈그림 1-3〉에서 보는 것처럼 가장 뛰어난 유일한 방법이 있는 것이 아니라 직원의 여건에 따라 달라야 한다는 것이다. 직원은 능력과 의지의 보유 관점에서 4가지 유형이 있고, 그 관리 방법도 4가지 유형이 되어야 한다.

〈그림 1-3〉 허시(Hersey)와 블랜차드(Blanchard)의 상황적 리더십 이론

	3 참여		**2** 코칭	
	근로시간 관리 2.5		근로시간 관리 2..0	
	4 위임	근로시간 관리 3.0	근로시간 관리 1.0	**1** 지시
능력	높음	높음	낮음	낮음
의지	높음	낮음	높음	낮음

① 지시형이다. 구성원의 능력과 의욕 모두 부족할 때 적당한 관리 방법은 지시형이다. 지시형은 리더가 근로시간별로 업무를 정하여 언제 무엇을 어떻게 할 것인지를 일일이 점검하는 방식이다. 근로시간 관리 1.0에 해당한다.

② 코치형이다. 구성원의 능력은 다소 떨어지지만, 의지는 높을 때 적당하다. 코치형은 함께 과제 추진 이정표를 정하고 그 이정표에 도달하면 소통으로 코치를 하고 다시 이정표를 정하여 추진하는 방식이다. 근로시간 관리 2.0에 해당한다.

③ 참여형이다. 역량은 있으나 업무 의욕이 부족한 직원에게 적당한 방법이 참여형이다. 참여형은 스스로 이정표를 정하도록 하고 그 과정을 일임하고 결과에 대해서만 점검하는 관리 방식이다. 자율성과 효율성이 혼합되어 근로시간 관리 2.5 수준에 해당한다.

④ 위임형 근로시간 관리 방법이다. 이 방법은 역량과 업무 의욕이 모두 뛰어난 직원에게 모든 것을 믿고 맡기는 것이다. 위임형은 직원에게 모든 것을 스스로 이정표를 만들어 스스로의 책임하에 업무를 추진하고 그 결과에 대해서도 스스로 책임지게 하는 관리 방식이다. 근로시간 관리 3.0에 해당한다.

이렇게 보면 근로시간 관리도 일종의 리더십이다. 그래서 리더십에 왕도가 없듯이 근로시간 관리에도 왕도가 없다. 조직의 상황이나 직원의 여건에 맞추어 관리하는 것이 최선의 방법이고 기업이 성장하는 비결이다.

이 책은 교대근무제를 포함한 유연근무제 설계방안을 공유하기 위하여 저술되었다. 유연근무제도를 이해하려면, 근로시간의 개념부터 연장과 단축 등 근로시간 관리 전반에 대해 알 필요가 있다. 그래서 이 책의 구성은 〈그림 1-4〉에서 보는 바와 같이 근로시간 관리를 전반으로 하여, 6개 부분으로 되어 있다.

〈그림 1-4〉 근무시간 관리 내용

첫째, 근로시간에 대한 이해 부분이다. 여기서는 근로시간의 개념을 바탕으로 근로시간 해당 여부에 대한 다양한 사례를 살펴보고, 또한 법정근로시간과 소정근로시간 등 근로시간의 구조에 대해서도 분석한다.

둘째, 근로시간의 연장 부분이다. 여기서는 연장·야간·휴일근로시간에 대해서 살펴본다. 또한, 장시간 근로의 원인인 포괄임금제도의 문제점과 개선방안 그리고 근로시간 특례제도에 대해서도 알아본다.

셋째, 근로시간의 단축 부분이다. 여기서는 이번 1주 52시간 체제 시행으로 인한 중소기업들의 대응 방안을 제시한다. 단시간근로자들의 다양한 근로조건 그리고 노조 전임자들의 근로시간 면제제도도 알아본다.

넷째, 이 책의 핵심 부분의 하나인 교대근무제 설계이다. 교대근무제를 직접 설계하고 개선할 수 있도록 그 방법을 제시한다. 우선, 방정식 WHY를 이해하고 이를 다양한 교대제 유형에 적용해보고, 그리고 교대제를 설계하고 임금관리 방안까지 제시한다.

다섯째, 이 책의 또 하나의 핵심 부분인 근로시간의 유연화이다. 근로시간을 유연화하는 방법은 다양하다. 그중에서도 탄력적 근로시간제 그리고 선택적 근로시간제를 중심으로, 실무에서 바로 사용할 수 있도록 설계 프로세스 및 방안들을 제시한다.

여섯째, 휴게·휴식 부분이다. 여기에서는 휴게·휴일·휴가를 다룬다.

중소기업은 근로시간 관리 전문인력이 부족히고 장시간 근로가 일상화되어 있다. 이제 밤낮없이 무조건 앞만 보고 달려야만 살아남는 시대는 지났다. 근로시간 관리를 구성원들의 일일 생활표를 관리하듯 하는 1.0이나 효율성만 강조하는 2.0으로는 한계에 직면했다. 근로시간의 구조나 근로시간의 연장, 단축 그리고 유연화 등 근로시간의 다각적인 측면의 이해도를 높이고, 구성원들의 창의성과 자율성이 강화되도록 스마트한 관리, 즉 근로시간 관리 2.0을 지나 3.0으로 나아가야 한다.

4 ⟩ 성공적 운영을 위해서는 구성원들의 참여 등 필요

1) 제도나 시스템의 설계단계에서부터 구성원들의 참여 추진

아무리 천의무봉의 제도나 시스템을 구축했다고 하더라도 구성원들의 실행이 뒷받침되지 않는다면 '빛 좋은 개살구'에 불과하다. 필요한 제도나 시스템을 구축하는 것과 그 실행력은 별개이다. 실행력을 강화하는 방법에는 제도 설계단계부터 구성원들을 직접 참여시키는 것만 한 것이 없다.

따라서 교대근무제나 유연근무제 등을 설계할 때, 현장 근로자들을 참여시키거나 아니면 설계된 내용을 그들에게 충분히 설명하고 피드백을 받도록 해야 한다. 그래야 구성원들이 제도를 신뢰하게 되고 그에 합당한 행동을 하게 된다. 그래서 글로벌 기업들은 제도를 설계하거나 개편할 때 구성원들의 의견을 듣고 있다.

구성원들의 참여를 적극적으로 권장하는 제도로 IBM의 '스피크업(Speak-up)' 제도가 있다. 이는 구성원들의 경험을 활용하자는 취지로 만든 제도로, 근무환경에서부터 회사전략과 정책에 이르기까지 회사의 모든 분야에 대해 의견을 개진할 수 있다. 연평균이 1만 건 이상의 건의가 이루어지고 있고, 직원들도 상당히 적극적으로 참여하고 있다고 한다.

하지만 모든 기업이 조직 구성원들에게 이렇게 친절히 설명하거나 제도 구축에 직원들을 참여시키는 것은 아니다. 특히 중소기업은 이러한 절차에 취약하다. 중소기업에는 전문인력이 부족하고, 인사노무담당자가 있다고 하더라도 총무나 경영지원 등 다른 업무를 동시에 수행하기 때문에 여력이 없다. 또한, 사업주의 선호에 따라 인사노무관리 원칙이나 방침이 하루아침에 바뀌기도 한다.

교대근무제나 유연근무제의 성공적인 운영을 위한 첫째 조건은 조직 구성원의 참여이고 둘째 조건도 조직 구성원의 참여이다. 이는 근로시간을 단축하거나 유연근무제를 설계하기 위해서 필요로 하는 것이 무엇이고 그것을 어떻게 구현할 것인가는 현장에 있는 구성원들이 가장 잘 알고 있기 때문이다. 따라서 제도 설계단계에서부터 구성원들을 참여시키고 그 내용들을 직원들에게 충분히 설명하고 또 그들의 의견을 반영하여 투명하게 운영할 필요가 있다. 그래야 구성원들이 조직과 제도를 믿고 자신에게 주어진 역할과 책임에 최선을 다하게 되기 때문이다.

2) 인사노무관리 제도와 정합성(align) 필요

근로시간의 다른 측면은 일이고, 근로시간 관리의 다른 측면은 목표 달성 및 생산성 향상이다. 이는 인사노무관리와 맥을 같이 한다. 인사노무관리는 조직목표 달성을 위하여 조직 구성원들의 근로시간을 조직하는 활동이다. 따라서 근로시간 관리는 인사노무관리 활동에 꼭 필요하다. 예를 들어, 회사의 프로젝트를 수행할 구성원을 선발할 때 개인별 역량과 근로시간을 고려하여 직원을 선발한다. 또한, 모든 프로젝트는 간트 차트(Gantt Chart)를 요구하고 있다.

간트 차트(Gantt Chart)

1919년 미국의 간트가 창안한 것으로 작업계획과 실제의 작업량을 작업 일정이나 시간으로 견주어서 평행선으로 표시하여 계획과 통제기능을 동시에 수행할 수 있도록 설계된 막대 도표(bar chart)로 '막대그래프 차트'라고도 함.

우선 근로시간 관리는 〈그림 1-5〉에서 보는 것처럼 인사노무관리의 기본 활동이다. 근로시간 단축이나 4차 산업혁명에 대응하기 위하여 구성원을 채용하려면 적정인원을 산정해야 하고 이때 직무별 소요 시간이 산정되어야 한다. 또한, 성과관리의 질적 측면이 KPI(Key Performance Indicator)라고 할 때 양적 측면은 근로시간이다. 이러한 성과의 양적 측면은 평가를 통하여 인사노무관리에 반영이 된다. 그리고 임금은 근로의 대가이고 이때 근로의 대가는 노동법적으로는 근로시간을 의미한다. 이처럼 근로시간 관리는 인사노무관리 활동과 밀접한 연관이 있다.

<그림 1-5> 인사노무관리와 근태관리[2]

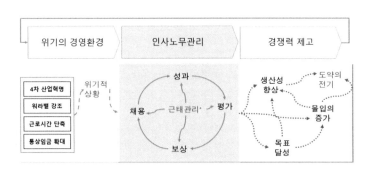

따라서 사업장에서 근로시간 관리는 인사노무관리 제도와 정합성(align)을 가질 때 충실해진다. 팀워크를 중시한다면 인사평가에서 동료 업무에 투입한 근로시간을 반영해야 하고, 부서별 적정인력을 산정하기 위해서는 직무별 근로시간을 공정하게 측정해야 하며, 일·가정 양립을 중시한다면 자녀들의 등하교나 병원에 동행이 가능한 선택적 근로시간제를 도입해야 한다. 이렇게 근로시간 관리가 인사노무관리 제도와 정합성을 가질 때 조직의 목표달성과 생산성 향상을 가능하게 하고, 근로시간 관리 3.0의 지름길로 나아가는 것이다.

---

2) 근로시간 관리를 현업에서는 근태관리라고 함. 근태관리는 근로시간 관리보다 광의의 개념으로 근로시간과 휴식까지 아우르는 개념임.

3) 최고경영층의 지속적인 관심과 격려

중소기업은 CEO의 헌신과 열정을 기반으로 성장한다. 사업장에서 근로시간 관리 제도의 성공 여부 또한 사업주의 관심에 달려있다. 사업주가 관심을 가지는 제도나 시스템은 필요한 자원이 쉽게 확보되고, 담당자도 제도 발전에 열심히 노력하게 된다. 반면, 사업주의 관심이 적은 제도는 담당자까지도 동기 저하가 되어 가뭄에 시든 꽃처럼 말라 죽게 된다. 따라서 최고경영층에서는 인사노무 관리 제도의 성공을 위해서 지속적인 관심과 격려를 보내주어야 한다.

GE의 인재사관학교라고 불리는 크로톤빌(Crotonville) 연수원이 세계 최고 교육기관이 된 계기는 CEO인 잭 웰치의 무한한 관심이 있었기 때문이다. 그는 대규모 구조조정 중임에도 4,600만 달러를 투자하였고 매주 그곳에 방문하여 강의하였다. 그는 크로톤빌을 GE의 변화와 혁신을 실행하고 확산하는 플랫폼으로 활용했고, 그 결과로 크로톤빌은 세계 최고의 리더십교육센터가 되었다.

이처럼 CEO가 근로시간 관리 제도에 관심을 가지고 지원하느냐 여부에 따라 이는 기업의 경쟁력에 지대한 영향을 미친다. 사실 근로시간 관리 제도는 손도 많이 가고 비용도 필요로 한다. CEO가 확신을 가지지 않으면 꽃피울 수 없는 제도이다. 따라서 근로시간 관리 제도가 성공적으로 정착하기 위해서는 CEO부터 이 제도의 필요성을 인식해야 하고, 그러한 철학을 직원들과 지속적으로 소통하고 전파해야 한다.

4) 생산성 고려한 임금 보전으로 노사갈등 최소화

근로시간과 임금은 동전의 앞뒷면처럼 유사하지만, 근로자들은 임금에 더 민감하다. 근로자들은 근로시간을 연장하더라도 임금만 보상해주면 묵묵히 따라오지만, 근로시간이 단축된다고 임금을 줄이면 근로자들의 사기는 저하된다. 임금은 근로시간의 대가이므로 근로시간이 단축되면 임금의 하락은 당연함에도 불구하고, 근로자들은 이를 납득하지 않으려 한다. 이런 현상은 임금이 가지는 특수성 때문에 일어난다.

임금에는 하방경직성이라는 특성이 있다. 임금은 한번 결정되면 좀처럼 하락하지 않는다. 예를 들면, 통장으로 들어온 임금에는 모두 꼬리표가 붙어 있다. 큰딸 등록금, 둘째 아들 학원비, 막내 태권도 수련비, 아파트 구입 융자금 납부 등이다. 임금이 하락한다고 등록금을 줄일 수도, 태권도를 끊을 수도 없다. 그래서 임금은 한번 오른 상품의 가격을 내리기 어려운 것만큼이나 하방경직성을 가지고 있다.

교대근무제나 유연근무시간제 등을 설계하면 임금의 하락은 불가피하다. 그렇다면 사업장에서는 임금의 하방경직성 등에 어떻게 대응해야 하는가? 여기에는 3가지 대응 방안이 있다.

첫째, 근로시간을 축소하지만, 임금은 전액 보전해 주는 것이다. 이것은 임금삭감으로 인한 노사갈등을 유발하기보다는, 임금 전액을 보전하여 생산성 향상을 유도하는 방안이다. 이는 신세계 그룹의 사례이다. 신세계는 '9 to 5제'로 주 35시간제로 단축하면서도 임금은 그대로 유지하는 정책(100% 보전)을 채택했다. 또한, 미국 시리얼 제조업체인 켈로그는 단계적으로 전액 보전해 주었다. 켈로그는 3교대를 4교대로 근로시간을 축소(8시간→6시간)하면서 첫해는 임금감소분의 50%만 보전해 주고 다음 해에 나머지 50%를 보전해 주었다. 그 결과 켈로그의 이윤은 2배로 증가하였다.

둘째, 근로시간 축소에 대하여 일부만 보전해 주는 방법이다. 근로시간 단축은 근로자에게 워라밸 증가를 가져오는 측면이 있으므로 임금감소분 중에 일부만 보전해 주는 것이다. 한화큐셀은 3조 3교대 주 56시간제를 4조 3교대 주 42시간 근무제로 전환하면서 기존 급여의 90%까지 보전해 주었다.

셋째, 근로시간 축소와 비례하여 임금도 감액하는 방법이다. 대

구상의의 조사에 따르면[3], 대구 소재 임금감소 중소기업의 87.2%
는 임금감소를 보전할 계획이 없다고 밝혔다. 이러한 임금 보전이
없는 사업장은 노사갈등 최소화를 위해 그 사정을 근로자와 충분
히 소통하고 협조를 구해야 한다.

기대이론에 따르면 임금관리의 핵심은 최대한 임금보장이 아니
라 적정한 임금수준의 보장이다. 근로자가 노력하면 달성 가능한
성과 수준이 주어지고, 그 성과를 달성하면 적정한 보상이 주어진
다. 그리고 그 보상에 대한 만족감이 높다면 그는 동기부여 되어
더욱 몰입하여 한층 높은 성과를 달성하게 된다는 것이다.

이러한 기대이론에도 불구하고 임금 보전을 무난히 해 줄 수 있
는 사업장이 있는가 하면, 그렇지 못한 사업장도 많다. 다만, 사업
장에서 여건이 허락된다면 어느 정도 임금 보전 조치를 단행하는
것이 생산성 향상에 도움이 된다는 것이다. 그렇지 못한다면 근로
자들에게 충분한 설명과 이해를 구하여 노사갈등을 최소화하는
노력을 해야 한다.

---

3) 『한국경제』, 주 52시간제 中企 87% "임금감소 보전대책 없다", 2019. 5. 30.

근로시간에 대한
이해

66

어떤 시간이 근로시간인가의 판단은 다음 네 가지 기준으로 정리된다.

① 본래 업무(근로계약상 근로)
② 취업규칙이나 단체협약 또는 법률 규정
③ 사용자의 지휘·감독
④ 사용자의 지시, 명령 또는 승인이나 미이행 시 불이익

- 본문 중에서

99

1 〉 근로시간의 이해가 조직 생활의 시작!

근로시간을 컨설팅하다 보면, 아주 근본적인 질문을 가끔 받는다. 그중 하나가 근로시간에 관한 것이다. "저는 매일 아침 9시에 사무실로 출근해서 저녁 6시에 퇴근한다. 그러면 회사에 9시간 근무하는 셈이다. 그런데 회사에서는 1일 8시간으로 급여를 책정해 주고 있다. 회사에서 1시간 근로시간을 착취하는 것 아니냐?"라고 하소연한다. 물론 직원들이 바쁘다 보니 「근로기준법」을 접하기가 쉽지 않다는 것은 이해되지만. 사업장의 근로시간에 대한 이해 부족을 절감하게 된다.

우리는 출근하여 사업장에 있다고 해서 모두 근로시간으로 보상받는 것은 아니다. 그 가운데에는 업무를 보는 시간도 있고, 휴식 시간도 있고 식사 시간도 있으며 당직 시간도 있다. 이들은 모두 일상생활에 필요한 중요한 시간이지만, 근로시간의 관점에서는 질적 차이가 있다. 그래서 근로시간에 대한 이해가 필요하다. 사업장에 혼재된 시간 중에서 어떤 것이 근로시간이고 어떤 것이 근로시간이 아닌지, 근로시간이 되려면 어떤 요소를 갖추어야 하는지 등에 대한 이해가 선행되어야만 한다.

「노동법」에서 근로시간은 「근로기준법」 제4장의 '근로시간과 휴식'에서 집중적으로 규정하고 있다. 근로시간에는 법정기준근로시간, 유연근무제, 연장근로 및 근로시간 특례제도 등에 대한 사항을 규정하고 있고, 휴식에는 휴게·휴일·연차휴가 등을 규정하고 있다. 그래서 근로시간 관리의 내용은 〈그림 2-1〉에서 보는 것처럼, 근로시간 제도와 휴게·휴일·휴가제도에 대한 것이다.

〈그림 2-1〉 「근로기준법」과 근로시간 관리

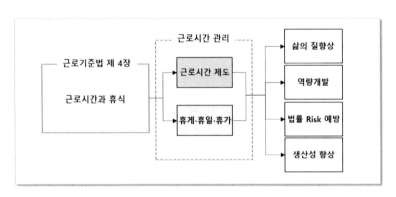

근로시간은 고정된 개념이 아니라 계속 확장되고 있다. 현대 서비스 산업 발달의 영향이 크다. 그동안 근로시간으로 인정받지 못하고 사각지대에 놓여있던 학원 강사, 헬스 트레이너, 헤어 디자이너도 점차 근로시간으로 인정받고 있는 추세이다. 특히 4차 산업혁명이 급속히 진행됨에 따라 시간제 근로나 간주근로제, 재량근로제, 재택근무제 등 다양한 근로 형태가 출현하여 근로시간에 대한 노사 간의 갈등[1]도 증가하고 있다.

    이제 사업장에서 근로시간에 대한 점검이 필요한 시점이다. 근로시간 단축 개정 법안이 본격적으로 적용되기 전에 그동안 관행처럼 해 왔던 일들이 근로시간 요건을 충족하는지, 그렇지 않으면 위반 요소는 무엇인지 등을 살펴보아야 한다. 예컨대, 연장근로 요건을 지키고 있는지, 서면 합의 사항과 실근로시간이 동일한지, 유연근무제들이 「노동법」에서 요구하는 사항을 준수하고 있는지 등에 대한 세밀한 점검이 필요하다. 이를 위해서는 그 어느 때보다 근로시간에 대한 이해가 필요한 시점이다.

---

[1]   최근 특수고용 노동자에 해당하는 대리운전 기사에게 근로자성을 인정하는 판결(부산지법, 2019 가합100867)이 나옴.

2 근로시간의 개념도 변화한다

근로시간이 1주 52시간으로 단축됨으로써, 산업 현장에서는 근로시간에 관해 관심이 높아지면서 민감해졌다. 가급적 불필요하게 근로시간으로 오해받지 않겠다는 의지다. 특히 연장근로에 대해서 엄격하게 운영하고 있고, 조회나 교육 또는 회식 등 그동안 근로시간이 아닌 것으로 간주했던 관행들에 대해 다시 점검하는 분위기이다. 돌다리도 두들겨 보면서 건너는 폼이 역력하다.

이러한 활동들이 근로시간에 해당한다면, 비록 사소한 활동이지만 심각한 결과를 초래할 수 있다. 예컨대, 이제까지 전혀 근로시간으로 생각하지 않던 조회 시간이 근로시간으로 인정되면, 연장근로로서 임금 및 가산수당 지급 대상은 물론이고 근로자의 동의까지 받아야 하는 사안이다. 만약 이로 인해 연장근로시간이 1주 12시간을 초과한다면 형사상 제재까지 받을 수 있다.

「근로기준법」 제50조(근로시간)

① 1주간의 근로시간은 휴게 시간을 제외하고 40시간을 초과할 수 없다.
② 1일의 근로시간은 휴게 시간을 제외하고 8시간을 초과할 수 없다.
③ 제1항 및 제2항에 따른 근로시간을 산정함에 있어 작업을 위하여 근로자
　가 사용자의 지휘·감독 아래에 있는 대기시간 등은 근로시간으로 본다.

그래서 근로시간에 관한 법률 규정에 민감할 수밖에 없다. 우리 「근로기준법」에는 근로시간에 대해 휴게 시간을 제외한다는 것과 대기시간도 근로시간이라는 것 외에는 근로시간의 개념에 관하여 아무런 규정이 없다. 그래서 무엇이 근로시간인가 하는 판단은 판례·행정해석 등을 기초로 구체적인 근로실태에 따라 판단하는 수밖에 없다.

판례에서는 "근로시간에서 정한 휴식 시간이나 수면시간이 근로시간에 속하는지, 휴게 시간에 속하는지는 특정 업종이나 업무의 종류에 따라 일률적으로 판단할 것이 아니다. 이는 근로계약의 내용이나 취업규칙과 단체협약의 규정, 근로자가 제공하는 업무의 내용과 구체적 업무수행 방식, 휴게 중인 근로자에 대한 사용자의 간섭이나 감독 여부, 자유롭게 이용할 수 있는 휴게 장소의 구비 여부, 그 밖에 근로자의 실질적 휴식을 방해하거나 사용자의 지휘·감독을 인정할 만한 사정이 있는지와 그 정도 등 여러 사정을 종합하여 개별 사안에 따라 구체적으로 판단하여야 한다."라고 하

였다.[2] 즉, 근로시간인지 여부는 근로계약 내용, 취업규칙 등 규정, 사용자의 지휘·감독 등을 개별 사안에 따라 구체적·종합적으로 고려하여 판단해야 한다고 판시하고 있다.

한편, 고용노동부의 행정해석에 따르면, "'화합의 시간' 참가 및 '학습 프로그램 평가' 수행이 사용자의 지시에 의해 이루어지고, 이에 참가하지 않았을 경우 일정한 불이익이 가해지는 경우에는 근로시간으로 볼 수 있음."이라고 하고 있다.[3] 즉, 행정해석은 사용자의 지시가 있었고, 참가하지 않으면 불이익이 있는 경우에 근로시간에 해당한다고 하고 있다.

종합하면, 어떤 시간이 근로시간인가의 판단 기준은 다음 네 가지로 정리된다.

① 본래 업무(근로계약상 근로)
② 취업규칙이나 단체협약 또는 법률 규정
③ 사용자의 지휘·감독
④ 사용자의 지시, 명령 또는 승인이나 미이행 시 불이익

---

2) 대법원 2017. 12. 5., 선고 2014다74254.
3) 근로개선정책과-4354, 2012. 8. 28.

사용자란?

사용자란 '사업주 또는 사업 경영 담당자, 그 밖에 근로자에 관한 사항에 대하여 사업주를 위하여 행위하는 자로, CEO뿐만 아니라 업무상 지휘 명령에 대한 권한을 사업주로부터 위임받는 자를 말함. 따라서 사업장의 부장, 과장, 팀장 등도 사용자에 해당함.

　　이러한 기준에 의하면, 실제로 근로에 종사하지 않는 시간도 사용자의 지휘·감독하에 있거나 미이행 시 불이익이 있다면 근로시간에 해당한다고 해석할 수 있다. 그래서 우리 판례와 행정해석은 실제로 근로에 종사하고 있는 실근로시간 외에도 〈그림 2-2〉처럼 작업 개시를 위한 준비 시간, 작업 종료 후의 정리 정돈 시간 등에 소요되는 시간도 근로시간에 해당한다고 보고 있다.

〈그림 2-2〉 근로시간의 개념

근로시간은 사용자의 지휘, 감독 하에서 근로계약상의 근로를 제공하는 시간

근로시간　＝　작업 개시~종료시간　▬　휴게시간

근로시간 해당	근로시간 미해당
실작업시간, 대기시간,준비시간, 정리시간	휴게시간, 근로시간 전 후 자유시간

3 근로시간 여부의 핵심은 사용자의 지휘·감독

근로시간 여부의 판단기준은 다층적이다. 근로계약서상의 업무가 아니더라도 법률이나 취업규칙에서 이행 의무로 규정하고 있으면 근로시간에 해당한다. 예컨대, 직원 건강진단이나 예비군 훈련 참석이 그렇다. 또한 본래 업무에 해당하지 않고 법률이나 취업규칙에도 규정하고 있지 않다고 하더라도 사용자의 지휘·감독이나 미이행 시 불이익이 있다면 근로시간에 해당한다.

따라서 근로시간의 판단 프로세스는 〈그림 2-3〉처럼 '본래 업무에 해당→법률이나 취업규칙에서 규정→지휘·감독→지시·명령 또는 승인, 미이행 시 불이익' 순으로 정리할 수 있다.

〈그림 2-3〉 근로시간 판단 프로세스

이때 주의할 점은 회사의 승인 여부는 법인카드를 사용한 것만으로는 부족하다는 점이다. 업무상 사유인 것이 명백하고 관리자가 접대를 승인했다는 내용이 추가되어야 근로시간으로 인정될 수 있다. 구체적으로 사례들을 살펴보자.

1) 일직·숙직 시간[4]

일반적으로 일·숙직 근로라 함은 일과 후에 업무를 종료하고 정기적 순찰, 전화와 문서의 수수, 기타 비상사태 발생 등에 대비하여 시설 내에서 대기하거나 전화를 착신하여 자택에서 대기하는 경우이다.

일·숙직 근로는 근로계약에 부수되는 의무로 이행하는 것이어서 정상 근무에 준하는 임금을 지급할 필요는 없으며 연장·야간·휴일근로수당 등이 지급되어야 하는 것도 아니다.

다만, 일·숙직 시간 중에 수행하는 업무의 노동 강도가 본래의 업무와 유사하거나 상당히 높은 유사 일·숙직 근로에 대하여는 통상의 근로에 준하여 가산 임금을 지급하여야 할 것이다.

---

4) 임금근로시간정책팀-2974, 2006. 10. 10.

2) 작업부대시간[5]

작업부대시간은 실제로 작업을 하지 않지만, 그 전후로 작업복을 갈아입는 시간, 작업 도구 준비 시간, 작업 전 회의·교대 시간, 작업 후 목욕 시간, 작업 종료 후 정돈 시간 등 실제 근로에 부속되는 시간이며 근로계약상의 근로를 제공하는 데 불가결한 필수행위인 경우에는 사용자의 지휘·감독하에 있는 것으로 보아 근로시간에 해당한다.

하지만, 작업부대시간이지만 근로자의 자유재량에 의한 임의처분이나 활동이 가능한 경우에는 사용자의 지휘·감독하에 있는 것으로 볼 수 없으므로 근로시간에 해당하지 않는다고 보아야 할 것이다. 예컨대, 작업 후 자율적으로 목욕을 하고 퇴근하는 경우, 이때 목욕 시간을 근로시간으로 보기는 힘들 것이다.

3) 법률에 따른 직업능력개발훈련에 참가[6]

「근로자직업능력 개발법」에 따라 근로자에게 직업에 필요한 직무수행능력을 습득·향상시키기 위하여 실시하는 훈련의 경우, 사

---

5) 대법원 1993. 3. 9., 92다22770.
6) 고용노동부, 근로시간 해당 여부 기준 및 사례, 2018. 6. 11.

용자가 근로자와 '훈련계약'을 체결한 경우에는 근로시간 인정 여부, 임금 지급 또는 훈련에 대한 보상 등의 권리 의무를 정하고 그에 따라 근로시간 여부 등을 판단하면 되나 '훈련계약'을 체결하지 않고 이루어지는 직업능력개발훈련 시간은 제9조 제3항에 따라 근로시간으로 보아야 한다.

4) 건강진단[7]

사용자는 「산업안전보건법」에 근거하여 사무직 종사자들에 대하여는 2년에 1회 이상, 그 밖의 근로자에 대해서는 1년에 1회 이상 건강진단을 실시하여야 한다.

이때 이러한 규정에 따라 1년에 1회 이상 건강진단을 받는 경우, 건강진단은 「산업안전보건법」 제43조에 따른 사업주와 근로자에게 부과된 공법상 의무이지만 이 시간을 유급으로 해야 한다는 법규는 없다.

하지만, 건강진단은 사업주의 의무사항이므로 근로자가 근로시간 중에 건강진단을 받거나 사업주의 지시에 의해 근로시간 외의 시간에 건강진단을 받는 경우에는 이를 유급으로 처리하는 것이 타당할 것이다.

---

7) 고용노동부 회신(2AA-1611-152740, 2016. 11. 20. 출처: 이산노동법률사무소).

5) 예비군·민방위 훈련 참가[8]

예비군·민방위 훈련 시간에 대해 「향토예비군설치법」 제10조는 "그 기간을 휴무로 하거나 그 동원이나 훈련을 이유로 불이익한 처우를 하여서는 아니 된다."라고 규정하고 있다. 이는 동원이나 훈련의 기간을 당연히 근로한 것으로 인정할 것을 의무화한 것은 아니지만, 동원이나 훈련을 위해 근로하지 못한 사업장의 소정근로시간을 휴무로 하는 것은 금하고 있다.

따라서 예비군 훈련 기간, 민방위 훈련 기간, 연차휴가 등은 소정근로일에 출근하지 않았으나 법령상 또는 그 성질상 출근한 것으로 보고 있다. 이에 소요된 시간은 실근로시간이 아니므로 유급·무급을 불문하고 실근로시간 계산에서는 제외해야 한다.[9]

즉, 근로자가 예비군·민방위 훈련에 참가하는 경우, 그로 인해 불이익한 처분을 하면 안 되므로 그 시간을 임금 시간에는 포함해야 한다. 다만, 실근로시간에는 제외해도 무방하다고 볼 수 있다.

---

[8] 근기 01254-14527, 1990. 10. 18.
[9] 고용노동부 고객상담센터, 「근로기준법」 개정 관련 주 52H 범위에 훈련(예비군·민방위) 시간이 포함되는지 여부, 2018. 5. 17.

6) 교육 시간

교육은 업무와 관련해 사용자의 지시로 사업장에서 이뤄지는 것이 일반적이지만 온라인(On-Line) 교육의 활성화로 교육 장소와 시간의 구애받지 않고 교육이 가능하게 되었다.

교육 시간은 그 교육에 대해 이수 의무가 있고, 교육 참석이 사용자의 지시·명령에 의해 이루어지는 경우에는 근로시간에 해당한다.[10]

하지만, 직원들에게 교육 이수 의무가 없고, 사용자가 교육 불참을 이유로 근로자에게 어떠한 불이익도 주지 않는다면 이를 근로시간으로 볼 수는 없을 것이다. 아울러, 사용자가 동 교육에 근로자의 참석을 독려하는 차원에서 교육 수당을 지급하였다고 하여 근로시간으로 인정되는 것은 아니다.[11]

7) 업무시간 이후의 접대 시간

사업장에서는 상거래 협상이나 영업적 이익 또는 친목 도모를

---

10) 근로개선정책과-2570, 2012. 5. 9.
11) 근로개선정책과-798, 2013. 1. 25.

위하여 거래처 직원에게 음식점 등에서 접대를 하는 경우가 많다. 이에 대한 사용자의 지시 또는 최소한의 승인이 있는 경우에 한하여 근로시간으로 인정하고 있다.

하지만 그 누구에게도 별도로 출장복무서와 같은 형식으로 보고하지 않은 점, 이 사건 휴일 골프 참여 당시의 지위가 부서장으로서 자신의 직무를 원활히 수행하고 좋은 대내외의 평가 등을 위하여도 자발적으로 이에 참여할 동기기 있었던 것으로 보이는 점 등에 비추어 보면, '근로시간'에 해당한다고 단정할 수는 없다.[12]

8) 워크숍·세미나

기업에서는 적응훈련, 업무능력 향상, 근로자의 자기 계발 등을 위하여 1박 2일 워크숍이나 세미나 등을 개최하는 경우가 잦다.

이 경우 그 목적에 따라 판단하여 사용자의 지휘·감독하에서 효과적인 업무 수행 등을 위한 집중 논의 목적의 워크숍 세미나 시간은 근로시간으로 볼 수 있다.

---

12) 서울중앙지법 2018. 4. 4., 선고 2017가단5217727.

하지만, 워크숍 프로그램 중 직원 간 친목 도모 시간이 포함된 경우에는 이 시간까지 포함하여 근로시간으로 인정하기는 어려우며, 단순히 직원 간 단합 차원에서 이루어지는 워크숍 등은 근로시간으로 보기 어렵다.

9) 회식

사업장에서 회식은 노동자의 기본적인 노무 제공과는 관련 없이 사업장 내 구성원의 사기 진작, 조직의 결속 및 친목 등을 강화하기 위해 실시하고 있다.

사용자가 참석을 강제하는 말과 행동을 하였다고 하더라도 그러한 요소만으로는 회식을 근로계약상의 노무 제공의 일환으로 보기 어렵다.

하지만, 회식에 참여하지 않았을 경우 인사상 불이익을 주거나, 고과에 반영할 것을 통보하며 강제적으로 참석할 것을 요구한 경우에는 회식도 근로시간으로 인정해야 한다.

한편, 회식으로 인해 사고가 발생하는 경우에는 산재로 인정되는 경향이다. 회사 총괄이사가 거래처 담당자를 만나 회식하고 그 담당자의 대리운전 기사를 기다리다 사고를 당한 경우 업무상 재해에 해당한다는 판결[13]이 있다. 이처럼 신재에 해당한다고 해서 그것이 근로시간에 해당하는 것은 아니다. 근로시간 해당 여부와 산재 해당 여부는 별개이다.

10) 휴게 시간·대기시간

근로자가 사용자의 지휘·감독에서 벗어나 자유롭게 이용이 보장된 시간에 대해서는 휴게 시간으로 인정하고 있으며, 자유로운 이용이 어려운 경우 사용자의 지휘·감독 아래에 있는 대기시간으로 보아 근로시간으로 인정하고 있다.

근로자가 작업 시간 도중에 휴식·수면시간 등이라 하더라도 그것이 휴게 시간으로서 근로자에게 자유로운 이용이 보장된 것이 아니고, 실질적으로 사용자의 지휘·감독하에 놓여 있는 시간이라면 근로시간에 포함된다. 야간 휴게 시간에 근무초소(경비실) 내의 의자에 앉아 가면 상태를 취하면서 급한 일이 발생했을 시 즉각 반응하도록 지시한 점, 야간 휴게 시간에 근무초소(경비실) 내의 조명을 켜 놓도록 한 점, 야간 휴게 시간에 피고의 지시로 시행된 순찰업무는 경비원마다 매번 정해진 시간에 이루어지지 않았고, 이로 인하어 나머지 휴게 시간의 사유로운 이봉이 방해된 것으로 보이는 점 등을 종합하여 보면, 원고(아파트 경비원)들의 야간 휴게 시간은 자유로운 이용이 보장되는 휴식·수면시간으로 보기

13) 대법원 2017. 3. 30., 선고 2016두31272.

어렵고, 혹시 발생할 수 있는 긴급 상황에 대비하는 대기시간으로 볼 여지가 충분하다(대법 2016다243078, 2017. 12. 13).

국가시험 편집 및 인쇄를 담당하는 근로자의 근로시간 및 휴게 시간 인정 등에 관하여, 국가시험 보안상 합숙 출제 기간 중 일부 장소적 제약이 있는 경우에도 근로시간과 휴게 시간이 명백히 구분되고 근로자가 독립적으로 휴게 또는 수면할 공간이 확보되어 이를 자유롭게 이용할 수 있는 시간의 경우에는 휴게 시간으로 보고 있다(근로기준정책과-3713, 2015. 8. 12).

한편, 임원 운전기사의 대기시간도 이슈이다. 임원이 저녁에 술을 마시는 동안 차에서 대기하는 시간이 많다. 임원의 일정이 끝날 때까지 기다리는 시간은 휴식 시간이 아닌 대기시간으로 인정되고, 대기시간은 근로시간으로 인정하고 임금을 지급해야 한다. 다만, 임원이 대기하라고 지시하지 않았는데 스스로 대기했다면 근로시간으로 인정되지 않는다.

11) 출장

출장은 근로시간의 전부, 혹은 일부를 사업장 밖에서 근로하는 것으로, 이때 회사 내에 근무하지 않기 때문에 근로시간을 산정하기가 쉽지 않다.

근로시간의 전부 또는 일부를 사업장 밖에서 근로히여 근로시긴을 산정하기 어려운 출장 등의 경우에는 소정근로시간(예: 8시간) 또는 통상 필요한 시간(예: 10시간)을 근로한 것으로 간주 가능하다. 다만, 출장과 관련해서는 통상 필요한 시간을 근로자대표와 서면 합의를 통해 정하는 것이 바람직하다.

국내 출장의 경우, 출장지로 출근 또는 출장지에서 퇴근하는 경우는 출퇴근에 갈음하여 근로시간에서 제외할 수 있을 것이나, 사무실에서 출장지로 이동하는 시간은 근로시간에 포함하는 것이 원칙이다.[14]

해외 출장인 경우 비행시간, 출입국 수속 시간, 이동 시간 등이 출장지에 따라 다르다. 이에 대해 고용노동부는 통상 필요한 시간에 대한 객관적 원칙을 근로자 대표와 서면 합의하고 그에 따른 근로시간을 인정할 것을 권고하고 있다.[15]

12) 흡연 시간이나 커피 타임

업무 중 머리를 식히기 위하여 잠깐 담배를 피우러 나가거나 휴게실에서 커피를 마시는 경우가 있다.

---

14) 근기 68207-1909, 2001. 6. 14.
15) 고용노동부, 근로시간 해당 여부 판단 기준 및 사례, 2018. 6. 11.

잠깐 커피를 마시거나 담배 한 대를 피우는 정도의 짧은 휴식 시간은 언제든 상사의 호출을 받고 업무에 투입될 수 있으므로, 이는 휴게 시간이 아니라 상사의 지휘·감독을 받는 대기시간으로 근로시간에 해당한다. 행정해석도 사용자로부터 언제 요구가 있을지 불명한 상태에서 대기하는 시간은 휴게 시간으로 볼 수 없고 근로시간으로 보아야 한다고 하고 있다.[16]

하지만 회사에서 상당히 떨어진 곳에서 담배를 피우거나 커피를 마시는 경우, 상사의 호출에도 바로 업무에 투입될 수 없고 상사의 지휘·감독에서 벗어나 있으므로 이는 근로시간에 해당한다고 볼 수 없다.

13) 조기 출근

대부분의 기업에서 근무시간을 오전 9시부터 오후 6시까지로 정하고 있지만, 근로자들은 9시 이전에 조기 출근하여 업무 준비나 환복 등 업무수행에 차질이 없도록 준비하는 행위를 한다.

조기 출근이 사용자의 요구에 의해 이루어지고, 조기 출근을 하

---

16) 근기 01254-12495, 1987. 8. 5.

지 않을 경우 임금을 감액하거나 복무 위반으로 제재를 한다면 근로시간으로 볼 수 있다.[17]

하지만, 회사의 요구가 없었으나 근로자 스스로 업무상 필요하다고 생각하여 조기 출근하여 업무를 수행한다면, 이때 조기 출근은 근로시간으로 인정받기 어려울 것이다.

14) 노조설립 논의 등 노조 활동

노조설립 논의나 노동조합원 교육 또는 조합원 모집, 홍보 활동 등의 노조 활동은 헌법과 법률상의 권리로서 보장받고 있다. 노동조합의 활동은 노동3권으로 인정받고 있지만, 근로자는 근로계약에 따라 근로의 의무를 부담하며 근로시간 중에 조합 활동을 행하는 것은 허용되지 아니하며 조합 활동은 휴게 시간이나 근로시간 외에 행하는 것이 원칙이다.[18]

하지만, 예외적으로 근로시간 중의 조합 활동이 단체협약 및 취업규칙 또는 노사 관행 또는 사용자의 명시적인 승낙이 있는 경우에 한하여 인정될 수 있다고 하여 사용자의 허용 의사가 조합 활동 인정의 정당성 판단의 기준이 되는 것으로 인정하고 있다.[19]

---

17) 근기 01254-13305, 1988. 8. 29.
18) 대법원 1996. 2. 23., 94누9177.
19) 대법원 1990. 5. 15., 90도357.

15) 방학 중 자택 연수[20]

　사립학교 교직원이 방학 기간 중 출근하지 아니하는 자택 연수가 근로시간에 해당하는지 여부는 일률적으로 판단하기 곤란하나 출근하지 아니하는 동 기간 동안의 연수내용, 과정 또는 결과에 대하여 사용자에게 구속됨이 없이 자유롭게 활용하는 것이라면 임금 지급 여부와 관계없이 이는 근로시간으로 보기 어려울 것이다.

---

20)　근기 10831-2104, 1993. 10. 5.

4 ▶ 근로시간도 구조를 가진다

근로시간은 법정기준근로시간과 소정근로시간을 중심에 두고 여타 근로시간들이 서로 관련을 맺고 있다. 이것은 마치 한 가정을 연상시킨다. 법정기준근로시간은 한 가족의 가장처럼 근로시간의 중심(기준)이 되어 전체 근로시간의 한계를 정하는 역할을 하고, 소정근로시간은 어머니처럼 여타 근로시간들을 탄생시키고 이끌어간다. 즉, 소정근로시간에서 실근로시간이나 연장근로시간 등이 나오게 된다.

사업장에서 가장 먼저 생겨나는 것이 소정근로시간이다. 소정근로시간은 근로자가 사업장에 채용되면서 근로하기로 약정한 시간이다. 따라서 소정근로시간은 약정근로시간이기 때문에 법정기준근로시간을 초과할 수 없다. 만약 소정근로시간이 법정기준시간을 초과하게 되면 법정기준시간까지만 소정근로시간이 되고 그 초과분은 연장근로시간이 된다(<그림 2-4> 참조). 예를 들어 소정근로시간을 7시간으로 약정하면 소정근로시간은 7시간이지만, 소정근로시간을 9시간으로 약정하면, 이 9시간이 모두 소정근로시간이 되는 것이 아니고, 8시간이 소정근로시간이고 나머지 1시간은 연장근로시간이 된다. 이러한 소정근로시간의 셈법은 나중에 주휴시간과 연관이 있다. 주휴시간은 소정근로시간으로 계산하기 때문에 하루에 9시간 근무하더라도 주휴시간도 8시간이 된다.

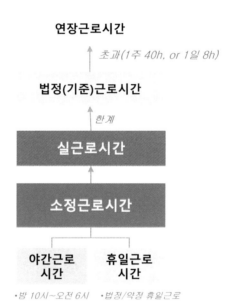

〈그림 2-4〉 근로시간 구조

근로자들은 이러한 소정근로시간에 따라 사업장으로 출근하여 일하다가 퇴근 때가 되면 퇴근하는데, 이렇게 사업장에서 실제로 근무하는 시간이 실근로시간이다. 이 실근로시간이 법정기준시간을 초과하게 되면 연장근로시간이 되고, 야간(22:00~06:00)에 일어나면 야간근로가 되고, 휴일에 일어나면 휴일근로가 되는 것이다.

근로시간은 동일함에도 불구하고 명칭은 다양하게 불린다. 이는 근로시간이 임금과 관련이 있기 때문이다. 근로시간과 임금과의 관계는 동전의 앞뒷면과 같다. 근로시간은 임금산정의 기준이고 임금은 근로시간의 대가이다. 이러한 이유로 근로시간에는 각종 임금과 수당이 따라다닌다. 소정근로시간은 통상임금, 연장근로시간은 연장근로수당, 야간근로시간은 야간근로수당, 휴일근로시간은 휴일근로수당이 그렇다. 다만, 법정근로시간과 법정수당은 다른 의미이다. 법정근로시간은 1주 40시간, 1일 8시간을 의미하나 법정수당은 「근로기준법」에서 정하고 있는 수당, 즉 연장·야간·휴일근로수당, 연차휴가 수당 등을 의미한다.

1) 법정기준근로시간

법정기준근로시간은 법에 명시되어 있는 기준 근로시간을 말한다. 법정기준근로시간은 약정(소정) 근로시간을 감독하게 된다. 「근로기준법」 제2조 8호에 의하면 법정기준근로시간은 3가지이다(〈표 2-1〉 참조).

① 성인 근로자에게 적용되는 법정기준근로시간(「근로기준법」 제 50조)이다. 이는 휴게시간을 제외하고 1주 40시간과 1일 8시간을 초과할 수 없다는 규정이다. 이 규정은 유해위험업무에 종사하지 않는 18세 이상 근로자에게 적용되는 기준이다.

② 연소근로자에게 적용되는 법정기준근로시간(「근로기준법」 제69조)이다. 이는 휴게시간을 제외하고 1일에 7시간, 1주에 35시간을 초과하지 못한다. 이 규정은 유해 위험 업무에 종사하지 않는 15세 이상, 18세 미만 근로자에게 적용되는 기준이다.

③ 유해 위험근로자에게 적용되는 법정기준근로시간(「산업안전보건법」 제46조)이다. 이는 휴게 시간을 제외하고 1일 6시간, 1주 34시간을 초과하지 못한다. 이 규정은 유해하거나 위험한 작업에 종사하는 근로자에게 적용되는 기준이다.

이들 근로시간은 법으로 정한 시간이기 때문에 법정시간, 또는 모든 근로시간의 기준이기 때문에 기준근로시간으로도 불린다. 법정기준근로시간의 역할은 이를 초과하면 연장근로시간을 발생시키는 것이다. 그래서 우리 「근로기준법」에서는 연장근로를 억제하기 위하여 다음의 세 가지 조치를 취하고 있다.

첫째, 연장근로에 대한 사용자의 부담을 가중시키고 있다. 우선, 법정기준시간을 초과하려면 당사자 간 합의를 요건으로 하고, 그리고 초과한 시간에 대해서는 50%의 할증임금을 지급하도록 하고 있다.

둘째, 근로시간의 최고 한도를 설정하고 있다. 즉, 「근로기준법」에서는 법정기준근로시간을 초과하는 상한선을 설정하여, 사업장에서는 연장근로를 하더라도 1주 12시간을 초과할 수 없다. 따라서 사업장에서 근로 가능한 총시간은 1주 52시간(=40+12)인 셈이다. 다만, 1일 근로 상한 시간은 규정하고 있지는 않다.

셋째, 근로시간 최고 한도를 위반하는 사업장은 형사 제재의 대상이 된다. 노사 당사자가 법정기준근로시간의 상한선을 초과하여 근로하기로 합의한다고 해도 이는 무효일 뿐만 아니라 2년 이하의 징역 또는 2천만 원 이하의 형사 처벌의 대상이 된다.

이렇게 법정기준근로시간은 연장근로를 억제하고 있다. 이를 통해 근로자들의 장시간 근로에 따른 신체·정신적 과로로부터 건강을 보호하고 또한 연소근로자나 임산부 등 근로 취약계층을 보호한다. 그리고 여유시간을 사회문화 활동으로 유도하여 근로자들의 워라밸 수준을 향상하고자 하는 것이다.

〈표 2-1〉 법정기준근로시간

구분		기준근로시간		연장근로시간	야간 휴일근로시간
		1일	1주		
성인근로자		8h	40h	1주 12h(당사 합의 필요)	-
여성	일반근로자	8h	40h	1주 12h(당사 합의 필요)	동의
	산후1년 미만 근로자	8h	40h	1일 2h 1수 6h, 1년 150h 초과 금지	동의 + 협의 + 인가
	임신 중인 근로자	8h	40h	불가	청구 + 협의 + 인가
연소근로자		7h	35h	1주 5h(당사 합의 필요)	동의 + 협의 + 인가
유해 위험작업 근로자		6h	34h	불가	-

2) 소정근로시간

소정근로시간은 사업장에서 근로자와 사용자가 근로하기로 약정한 시간이다. 「근로기준법」에 따르면, "소정(所定)근로시간이란 제50조, 제69조 본문 또는 「산업안전보건법」 제46조에 따른 근로시간의 범위에서 근로자와 사용자 사이에 정한 근로시간을 말한다."라고 규정하고 있다. 즉, 소정근로시간이라 함은 근로자와 사용자 사이에서 실제로 근로하기로 약정한 근로시간으로, 성인의 경우 1주 40시간, 1일 8시간, 연소자의 경우 1주 35시간, 1일 7시간, 유해사업장의 경우에는 1주 34시간, 1일 6시간 범위에서 정한 시간을 말한다.

통상적으로 소정근로시간은 〈그림 2-5〉에서 보는 것처럼 근로계약서나 취업규칙으로 규정한다. 근로계약서에서 소정근로시간은 의무적 명시 항목이고, 취업규칙에서 시업과 종업시각, 휴게 시간은 필수적 기재사항이다. 법정기준근로시간은 1주 40시간, 1주 8시간 등으로 정해져 있어 모든 근로자에게 일률적으로 적용되지만, 소정근로시간은 개인별로 또는 사업장에 따라 다르게 정할 수 있다. 만약 소정근로시간이 법정기준근로시간을 초과하면, 초과한 근로시간은 소정근로시간이 아니라 연장근로시간이 되는 것이다. 이는 앞서 설명한 바 있다.

소정근로시간의 주요 역할은 임금의 시간급 환산 기준, 단시간 근로자를 정하는 기준, 근로시간계산 특례의 기준 그리고 각종 법령 보호 기준 등 4가지이다. 첫째, 소정근로시간은 월급이나 일급 또는 주급을 시간급으로 환산할 때 기준이 된다. 우리의 임금체계에는 시간급 산정을 요구하는 경우가 많다. 대표적인 것이 연장·야간·휴일근로수당과 연차휴가 수당이 근로시간을 기준으로 계산되는 것이다. 또한, 지각이나 조퇴자의 임금 삭감조치도 시간 단위로 이루어진다. 그리고 「최저임금법」에서도 최저임금의 위반 여부를 최저시급 기준으로 판단하기 때문에, 최저임금에서도 소정근로시간을 산정해야 한다. 따라서 사업장의 임금제도가 연봉제든, 월급제든, 어떤 형태를 운영하든 시간급 임금계산은 필요하고, 그 기초가 되는 것이 소정근로시간이다.

둘째, 단시간근로자를 정하는 기준이 소정근로시간이다. 「근로기준법」에서는 단시간근로자를 "1주 동안의 소정근로시간이 그 사업장에서 같은 종류의 업무에 종사하는 통상 근로자의 1주 동안의 소정근로시간에 비하여 짧은 근로자를 말한다."라고 정의하고 있다. 즉, 1주 40시간 근무하는 사업장에서 1주 40시간을 근무한 근로자의 근로시간 내역이 소정근로시간이 35시간이고 5시간은 연장근로였다면, 그 근로자는 비록 1주 40시간을 근무했지만 단시간근로자가 된다.

셋째, 근로시간을 산정하기 어려울 때, 대체 1순위가 소정근로시간이다. 「근로기준법」에서는 근로자가 출장이나 그 밖의 사유로 근로시간의 전부 또는 일부를 사업장 밖에서 근로하여 근로시간을 산정하기 어려운 경우에는 소정근로시간을 근로한 것으로 본다. 근로시간 산정이 어려울 때 2순위 기준시간은 통상 필요한 시간이고 3순위가 근로자 대표와 서면 합의한 시간이 기준이다.

〈표 2-2〉 소정근로시간을 통한 적용 제외 규정

<긴설근로자의 고용개선 등에 관한 법률 시행규칙> 제12조(피공제자가 될 수없는 자) 법 제11조 제1호에서 "고용노동부령으로 정하는 기준 미만인 자"란 1일의 소정근로시간이 4시간 미만이고 1주간의 소정근로시간이 15시간 미만인 근로자를 말한다.
<고용보험 및 산업재해보상보험의 보험료징수 등에 관한 법률> 제16조의10(보수총액 등의 신고) ③ 사업주는 근로자를 새로 고용한 경우 그 근로자의 성명 및 주소지 등을 그 근로자를 고용한 날이 속하는 달의 다음 달 15일까지 공단에 신고하여야 한다. 다만, 1개월간 소정근로시간이 60시간 미만인 자 등 대통령령으로 정하는 근로자에 대하여는 신고하지 아니할 수 있다.

<고용보험법시행령> 제3조(적용제외 근로자) ① 법 제10조 제2호에서 "소정근로시간이 대통령령으로 정하는 시간 미만인 자"란 1개월간 소정근로시간이 60시간미만인 자(1주간의 소정근로시간이 15시간 미만인 자를 포함한다)를 말한다. 다만,생업을 목적으로 근로를 제공하는 자 중 3개월 이상 계속하여 근로를 제공하는 자와 법 제2조 제6호에 따른 일용근로자(이하 "일용근로자"라 한다)는 제외한다.

<국민건강보험법시행령> 제9조(직장가입자에서 제외되는 사람) 법 제6조 제2항 제4호에서 "대통령령으로 정하는 사업장의 근로자 및 사용자와 공무원 및 교직원"이란 다음 각 호의 어느 하나에 해당하는 사람을 말한다. 1. 비상근 근로자 또는 1개월 동안의 소정(所定)근로시간이 60시간 미만인 단시간근로자 2. 비상근 교직원 또는 1개월 동안의 소정근로시간이 60시간 미만인 시간제공무원 및 교직원

<국민연금법시행령> 제2조(근로자에서 제외되는 사람) 국민연금법 (이하 "법"이라 한다) 제3조 제1항 제1호 단서에 따라 근로자에서 제외되는 사람은 다음과 같다. 4. 1개월 동안의 소정근로시간이 60시간 미만인 단시간근로자. 다만, 해당 단시간근로자 중 생업을 목적으로 3개월 이상 계속하여 근로를 제공하는 사람으로서, 다음 각 목의 어느 하나에 해당하는 사람은 제외한다. 가. 고등교육법시행령 제7조 제3호에 따른 시간강사 나. 사용자의 동의를 받아 근로자로 적용되기를 희망하는 사람

<근로자퇴직급여 보장법> 제4조(퇴직급여제도의 설정) ① 사용자는 퇴직하는 근로자에게 급여를 지급하기 위하여 퇴직급여제도 중 하나 이상의 제도를 설정하여야 한다. 다만, 계속근로기간이 1년 미만인 근로자, 4주간을 평균하여 1주간의 소정근로시간이 15시간 미만인 근로자에 대하여는 그러하지 아니하다.

<기간제 및 단시간근로자 보호 등에 관한 법률> 제6조(단시간근로자의 초과근로 제한) ① 사용자는 단시간근로자에 대하여 근로기준법 제2조의 소정근로시간을 초과하여 근로하게 하는 경우에는 당해 근로자의 동의를 얻어야 한다. 이 경우 1주간에 12시간을 초과하여 근로하게 할 수 없다. ② 단시간근로자는 사용자가 제1항의 규정에 따른 동의를 얻지 아니하고 초과근로를 하게 하는 경우에는 이를 거부할 수 있다. ③ 사용자는 제1항에 따른 초과근로에 대하여 통상임금의 100분의 50 이상을 가산하여 지급하여야 한다.

넷째, 각종 법령상 보호로부터 제외하는 기준으로 사용된다.[21] 소정근로시간의 가장 흔한 용도는 각종 법률이나 규정의 적용 제외 대상자의 선정기준이다. 예를 들면, 「근로기준법」 제18조 제3항에서는 "4주 동안 평균하여 1주 동안의 소정근로시간이 15시간 미만인 근로자에 대하여는 주휴일과 연차휴가 조항을 적용하지 아니한다."라고 하여 초단시간근로자의 선정기준을 소정근로시간으로 본다. 이러한 적용 제외 조항들이 <표 2-2>에서 보는 바와 같이 각종 노동관계법령 및 각종 사회보험법령에서 다수 존재하며 그 제외 대상자 선정기준이 소정근로시간이다.

---

21) 김기선 외 6인, 「근로시간법제 주요 쟁점의 합리적 개편방안」, 한국노동연구원, 2015. 9. p.316.

3) 실근로시간

통상적으로 사업장에서 근로시간을 말할 때는 실근로시간을 말한다. 근로자들은 소정근로시간 근로할 것으로 계약하고 사업장에 들어오지만, 실근로시간은 사업장의 형편에 따라 소정근로시간만큼 근무하기도 하고 또는 이보다 많이 하거나 적게 하기도 한다. 이처럼 근로자가 사용자의 지휘·명령 하에서 근로계약상의 근로를 실제로 제공하는 시간이 실근로시간이다.

실근로시간은 임금을 발생시키지만, 그렇다고 임금이 실근로가 있어야만 발생하는 것은 아니다. 임금을 실근로가 없어도 발생한다. 그래서 휴일이나 휴가 또는 휴게 시간을 유급으로 한다고 해서 이들 시간이 실근로시간에 합산되는 것이 아니다. 예컨대, 주휴일이나 유급휴일에는 실근로가 없음에도 임금이 발생한다. 또는 휴게 시간을 유급으로 한다고 해서 실근로시간에 영향을 받는 것은 아니다. 즉, 휴게 시간은 유급으로 되어도 실근로시간에 합산되지 않는다. 그래서 사업장에서는 실근로시간은 일반적으로 〈표 2-3〉에서 보는 것처럼 임금 지급을 위한 근로시간(임금 시간)보다 적다.

실근로시간은 탄력적 근로시간제 등을 설계할 때 연장근로 산정 기준이 된다는 점과 포괄임금제도의 유효성 판단 기준이 된다는 점에서 중요하다.

첫째, 실근로시간은 유연근무제의 1주 근로시긴 산징의 기준이 된다. 유연근무제를 운영하는 사업장은 1주 근로시간에 민감하다. 특히 탄력적 근로시간제를 운영하는 경우, 한 주의 실근로시간이 적으면 다른 주에 그만큼 늘려서 근무할 수 있고, 또 한 주의 실근로시간이 많으면 다른 주에는 근무시간을 줄여야 평균 40시간을 맞출 수 있기 때문이다.[22]

예를 들어, 〈표 2-3〉이 탄력적 근로시간제를 운영하는 사업장의 근태 현황이고, 그 5주 차를 보면 실근로시간은 26시간으로 실근로시간이 적다. 이는 다른 주에 52시간까지[23] 근무하더라도 연장근로수당이 발생하지 않는다. 그런데 이 사업장이 탄력적 근로시간제를 운영하고 있지 않으면 임금 시간이 43시간이므로 3시간(=2×150%)의 연장근로수당이 발생하게 된다.

둘째, 실근로시간은 포괄임금제의 위법성 판단기준이 된다. 포괄임금제가 유효하게 성립하려면 근로시간 산정이 어려워야 한다. 그러한 경우에는 연장·야간·휴일근로수당 등 정액의 법정수당은 포괄임금에 포함되어 지급된 것으로 인정된다. 하지만, 근로시간 산정이 어렵지 않은 사업장에서 포괄임금제를 운영하면 그것은 무효가 된다. 이때 실근로시간에 비해 포괄임금제상 임금이 같거나 많

---

22) 대법원 1992. 10. 9., 91다14406.
23) 계산상으로 54시간(=80-26)까지 가능하나, 1주 최대 근로 가능 시간은 52시간임.

으면 문제가 없지만, 포괄임금이 실근로시간에 비해 적으면 임금체불(위법)이 된다. 이렇게 실근로시간이 포괄임금제의 위법성 판단의 기준이 된다.

한편, 주휴수당은 소정근로시간 기준으로 지급된다. 주휴수당은 1주 동안의 소정근로일을 개근한 자에게 주어지고, 휴일과 무관하게 그리고 실근로시간과도 무관하게 소정근로일만 개근하면 받을 수 있다. 예컨대, 〈표 2-3〉의 5주의 주휴일 발생요건에서 소정근로일은 3일 근무이다. 주휴일 산정에는 휴일이나 휴가가 제외되기 때문이다.

〈표 2-3〉 실근로시간과 임금 시간과의 관계(2020. 1)

전제 : 토요일 휴무일, 일요일 주휴일, 공휴일 유급휴일　　　　(단위 : 시간)

구분			월	화	수	목	금	토	일	비고
1주	실근로시간	일별			공휴일	8	9	8	-	25
		누적				8	17	25		
	임금시간	일별			8	8	9.5	8	8	41.5
		누적			8	16	25.5	33.5	41.5	
2주	실근로시간	일별	9	9	9	9	9	8		53
		누적	34	43	52	61	70	78		
	임금시간	일별	9.5	9.5	9.5	9.5	9.5	12	8	67.5
		누적	51	60.5	70	79.5	89	101	109	
3주	실근로시간	일별	8	9	9	9	9			44
		누적	86	95	104	113	122			
	임금시간	일별	8	9.5	9.5	9.5	9.5		8	54
		누적	117	126.5	136	145.5	155	155	163	
4주	실근로시간	일별	9	9	9	9	9	공휴일	공휴일	45
		누적	131	140	149	158	167			
	임금시간	일별	9.5	9.5	9.5	9.5	9.5	8		63.5
		누적	172.5	182	191.5	201	210.5	218.5	226.5	
5주	실근로시간	일별	공휴일	연차휴가	9	9	8			26
		누적	167	167	176	185	193			
	임금시간	일별	8	8	9.5	9.5	8			43
		누적	234.5	242.5	252	261.5	269.5			

또한, 1주에 1일 휴가로 사용한 근로자가 이를 보충하기 위하여 휴무일인 토요일에 출근하여 8시간 근로했다면, 연장근로수당이

발생할까? 답은, "발생하지 않는다."이다. 연장근로는 실근로시간으로 따지고, 근로자의 1주 실근로시간이 40시간이 되기 때문에 토요일 근무는 연장근무에 해당하지 않는다.

근로시간의 연장도 필요하다

현 정부는 근로시간 단축을 통한 워라밸 향상과 고용 창출을 국정과제로 삼고 있다. 항간에는 장시간 근로를 부추기는 포괄임금제를 완전히 폐지한다는 소문까지 나돌고 있다. 하지만 여전히 포괄임금제의 효율성을 필요로 하는 개소가 있고, 임금형태는 경영권의 영역이므로 폐지를 하는 것보다는 더욱 엄격하게 운영할 것으로 예상된다. 그래서 장시간 근로의 개연성이 있는 사업장 등은 철저히 감독할 것으로 전망된다.

- 본문 중에서

1 ▶ 연장근로는 필요악

근로시간을 관리하다 보면 조직목표 달성이나 생산성 향상을 위해 불가피하게 근로시간을 늘려야 하는 때가 많다. 사업장의 갑작스러운 기계 고장, 플랜트 등의 정기보수, 안전점검, 원청의 갑작스러운 주문에 따른 촉박한 납기일, 대량 리콜사태, 눈·비 등 악천후로 인한 선박 외관 도장작업 보완, 또는 마감이 임박한 회계업무 등에도 집중 연장근무가 필요하다. 이러한 작업은 근로시간이 1주에 52시간 이내로 제한되었다고 해서 거부할 수 있는 성질의 것이 아니다.

근로시간을 늘리는 방법은 여러 가지가 있을 수 있다. 가장 기본적인 방법이 휴일근로를 포함하여 연장근로를 사용하는 것이고, 포괄임금제 활용, 근로시간 특례업종 활용(해당 기업) 그리고 유연근로제 설계 등이 있다. 그런데 연장근로를 늘리는 데는 한계가 있다. 연장근로에는 최장 근로시간이 정해져 있고 또한 많은 가산수당을 지급해야 하는 등 기업체의 부담이 크기 때문이다. 그뿐만 아니라 연장근로는 근로자의 피로감을 증가시키고 산업재해의 원인이 되기도 한다.

기업에서는 생산성 고려 없이 무작정 근로시간을 줄일 수는 없다. 사실 사업장에서는 연장근로도 불사하고 열심히 노력하는 근로자들이 필요하다. 고용노동부의 조사에 따르면, 〈그림 3-1〉처럼 중소기업들은 1주 52시간제에 대응하기 위해서 교대제 등 근무체계를 개편한다든지 신규인력의 채용, 유연근무제의 도입 그리고 설비 개선/확대 등의 방안을 고려하고 있다. 이는 근로시간을 확보하여 매출을 유지하겠다는 의도이다.

〈그림 3-1〉 중소기업들의 1주 52시간제에 대한 준비현황 및 대응 방안

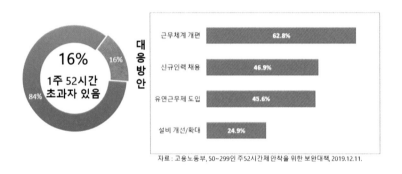

자료 : 고용노동부, 50~299인 주52시간제 안착을 위한 보완대책, 2019.12.11.

　이제 기업에서는 근로시간의 총량을 유지하면서 개별 근로자들의 근로시간이 1주 52시간을 초과하지 않도록 연장근로시간을 관리해야 한다. 우선적으로 연장·야간·휴일근로에 대한 관리가 있어야 하고, 연장근로의 원인이 되는 포괄임금제에 대한 관리도 이루어져야 하며 근로시간 특례제도의 폐지에도 대응해야 한다. 역설적으로, 연장근로시간 관리의 최고 방안은 연장근로가 발생하지 않도록 하는 것이다.

2 ▶ 근로시간 연장의 3요소, 연장·야간·휴일근로시간

🗨️ 「근로기준법」 제56조의 제목이 '연장·야간 및 휴일근로'이다. 사업장에서 일하다 보면 금방 퇴근 시간이 지나가고, 밤늦게까지 야근을 하게 되고 때로는 특근이라고 해서 휴일에까지 출근해야 한다. 이렇게 밤낮이나 휴일 없이 일하게 되니, '연장·야간 및 휴일근로'는 늘 붙어 다닌다. 그래서 동일해 보이지만, 사실은 차이가 크다.

우선 이들은 「근로기준법」에서 근로자들의 휴식권을 강화하기 위해서 운영한다는 취지는 동일하다. 이들은 소정근로보다 근로자에게 더 큰 피로와 긴장을 주고 일상생활을 제한한다고 하여 할증임금(가산수당)의 대상이 되고, 그 할증임금이 통상임금의 50%라는 점에서는 같다. 사업장에서 이를 위반할 경우 3년 이하의 징역 또는 3천만 원 이하의 벌금 제재를 받는다는 점에서도 동일하다.

하지만, 이들은 다음과 같은 점에서 차이가 있다. 연장근로는 법정근로시간 또는 소정근로시간을 초과하는 경우에 발생하지만, 야간근로나 휴일근로는 법정근로시간과는 무관하다. 즉, 야간근로는 오후 10시부터 다음날 오전 6시까지 근무하게 되면 평일이든, 휴일이든 관계없이 발생한다. 그리고 휴일근로는 근무 의무가 없는 휴일에 근로하는 경우에 그 근로시간의 다과와 관계없이 발생한다. 그리고 연장근로를 하려면 당사자의 합의만 필요하지만, 야간 및 휴일근로는 〈표 2-1〉처럼 18세 미만이나 임산부의 경우에는 본인의 동의나 명시적 청구뿐만 아니라 근로자 대표와 협의 및 고용노동부 장관의 인가도 필요로 한다.

1) 연장근로시간

우리나라 근로자는 연간 평균 근로시간이 2,024시간(2017년도 기준)으로 OECD 국가 중에서 멕시코 다음으로 많은 '일벌레'로 알려져 있다. 이러한 장시간 근로의 주범이 바로 연장근로시간이다. 그래서 기업뿐만 아니라 정부에서도 연장근로를 줄이려고 노력하고 있다. 우리 「노동법」에서 규정한 연장근로시간은 다음의 5가지 경우이다.

① 1주 40시간, 1일 8시간의 법정근로시간을 초과한 경우
② 연소자는 1일 7시간, 1주 35시간을 초과한 경우
③ 탄력적 근로시간제의 경우, 각 주 또는 각 일에 특정된 근로시간을 초과한 경우
④ 선택적 근로시간제는 정산 기간 평균 근로시간이 1주 40시간

을 초과한 경우

⑤ 단시간근로자가 자신의 소정근로시간을 초과하는 경우

연장근로는 1주일에 12시간을 한도로 가능하며, 따라서 1주 최장 근로시간은 52시간(=40+12)이다. 다만, 1일의 최장 근로시간은 1주 12시간을 초과하지 않는 범위에서 한도의 제한이 없다.

연장근로시간에 해당하는지 여부를 판단할 때, 1주일 기준(40시간)과 1일 기준(8시간)은 별개이다. 연장근로는 1주일 기준과 1일 기준에 모두 해당해야 하는 것이 아니라, 〈그림 3-2〉처럼 1주 기준이나 1일 기준 중에 어느 하나라도 해당하면 연장근로이다. 예컨대, 어떤 근로자가 1주일 동안 월요일에만 10시간 근무하고 화요일부터 금요일까지 결근하게 되면, 1주 10시간, 1일 10시간을 근무하게 된다. 이 경우에 1주 40시간 이내이지만 1일 8시간을 초과했기 때문에 2시간의 연장근로가 발생한다.

〈그림 3-2〉 연장근로 해당 사례

1 1주 40시간 초과 + 1일 8시간 초과

2 소정근로시간(32시간) 초과, 40시간 이하
  * 단시간 근로자

3 1주 40시간 이하 + 1일 8시간 초과

4 1주 40시간 초과 + 1일 8시간 이하

 해당

5 1주 40시간 초과 + 1일 8시간 초과(경비직)

6 1주 40시간 이하 + 1일 8시간 이하

7 1주 40시간 초과 + 1일 8시간 초과(5인 미만)

 비해당

※ 연소자의 경우 1일, 7시간 1주 35시간을 초과한 경우가 연장근로에 해당

　연장근로에서 주의할 것은 단시간근로자와 통상근로자의 연장근로시간 산정방식이 다르다는 점이다. 단시간근로자는 법정근로시간 이내라도 소정근로시간만 초과하면 연장근로에 해당하여 가산 임금(50%)이 발생한다. 이는 단시간근로자들이 소정근로시간을 짧게 한 후 가산 임금 지급 없이 초과근로를 강요받는 것을 방지하기 위해서이다. 하지만, 통상근로자의 가산 임금은 소정근로시간뿐만 아니라 법정근로시간을 초과해야 발생한다. 예컨대, 소정근로시간이 1주 32시간인 단시간근로자가 1주에 35시간 근무하면 3시간의 연장근로가 발생하지만, 통상근로자가 소정근로시간이 1주 32시간인 상태에서 1주에 35시간을 근무해도 연장근로가 발생하지 않는다. 통상근로자는 법정근로시간인 1주 40시간을 초과해야

연장근로가 발생한다.[1]

한편, 연장근로시간은 5인 미만 사업장이나 감시(監視) 또는 단속적(斷續的) 근로에 종사하는 자에게는 적용되지 않는다.

사업장에서 연장근로를 실시하기 위해서는 '당사자 간 합의'가 필요하고, 합의 방법은 서면이나 구두에 의한 개별적인 합의가 원칙이다. 다만, 단체협약 등 집단적인 합의는 개별근로자의 합의권을 제한치 않는 범위 안에서 인정되며, 이에 반대하는 근로자에게는 연장근로를 시킬 수 없다.[2]

또한, 「근로기준법」 제56조는 연장근로에 대하여 통상임금의 50% 이상을 가산하여 지급하도록 규정하고 있다. 이러한 법정수당으로서 할증임금(가산 임금)을 지급하는 제도적 취지는 연장, 야간 및 휴일근로가 「근로기준법」 소정의 기준근로시간 범위 내에서 하는 근로보다 근로자에게 더 큰 피로와 긴장을 주고 그의 생활상 자유 시간을 제한하므로 이에 상응하는 경제적 보상을 해주려는데 있다.[3]

---

1) 「기간제 및 단시간근로자 보호 등에 관한 법률」 제6조.
2) 고용노동부 홈페이지, 정보공개 부서별 자료실(근로감독과 연장근로).
3) 대법원 1990. 12. 26., 90다카12493.

2) 야간근로시간

야간근로시간은 저녁 10시부터 익일 아침 6시 사이의 근로를 말한다. 야간근로는 야간 취침의 정상적인 생활습관을 파괴하고, 심야 근무로 심신의 피로를 가중시키기 때문에, 「근로기준법」에서는 가급적 야간근로는 제한하고 있다. 특히, 임산부와 18세 미만자에게는 야간근로를 시키지 못하게 하고 있다. 근로하게 하려면 본의의 동의나 명시적 청구, 근로자 대표와의 성실한 협의 및 고용노동부 장관의 인가를 필요로 한다.

또한, 야간근로를 하게 되면 연장근로처럼 50% 할증임금을 지급해야 한다. 연장근로가 기준시간을 초과하는 과중한 업무에 대한 보상이라면, 야간근로로 야간 취침의 정상적인 생활습관을 파괴하는 것에 대한 보상이다. 그래서 야간근로 할증임금은 법정근로시간의 초과 여부와 관계없이 지정된 시간대에 근무하기만 하면 발생하고, 평일이나 휴일을 묻지 않는다. 사업장에서 야간근로와 관련하여 몇 가지 이슈가 있다.

(1) 감시·단속적 근로자의 야간근로[4]
감시·단속적 근로에 종사자는 근로시간 적용 제외 근로자에 해

---

4) 고용노동부, 『감시·단속적 근로자의 근로 휴게 시간 구분에 관한 가이드라인』, 2016. 10.

당하기 때문에, 고용노동부 장관의 승인을 받은 경우 근로시간, 휴게, 휴일 등 규정이 적용되지 않는다. 하지만, 야간근로는 예외이다. 감시·단속적 근로자가 야간근로(22:00~06:00)를 하는 경우에는 연장근로수당은 지급하지 않더라도 야간근로수당은 지급하여야 한다. 야간근로수당은 야간 취침이라는 정상적인 생활습관의 파괴에 대한 보상이기 때문이다.

(2) 재량근로제도의 야간근로[5]

재량근로시간제에서는 근로자대표와 서면 합의로써 법정근로시간 및 연장근로시간의 한도를 정한다. 휴일·야간근로에 관한 규정은 「근로기준법」 그대로 적용된다. 따라서 서면 합의에서 정한 근로시간이 법정근로시간(1일 8시간, 1주 40시간)을 초과하는 경우 연장근로 가산수당을 지급하여야 하며, 야간근로가 노사합의로 정한 근무 시간대에 포함되어 있거나 사용자의 지시·승인에 의해 이루어지는 경우에는 야간근로수당을 지급하여야 한다.

(3) 일·숙직 근로와 야간근로[6]

야간근로나 연장근로라 함은 근로자 본래의 업무를 야간 또는 기본 근로시간 이외의 시간에 근로하는 것을 말한다. 하지만,

---

[5] 고용노동부, 『재량간주근로시간제 운영 가이드』, 2019. 7. 31.
[6] 고용노동부, 『일·숙직 근로자에 대한 노무관리 지도지침』, 임금근로시간정책팀-3230, 2007. 10. 25.

일·숙직 근로를 야간이나 연장 또는 휴일에 한다고 해서 가산수당이 발생하지 않는다. 일·숙직 근로는 본래 업무가 아니기 때문이다. 본래의 업무가 아니면, 야간에 근무하든, 연장해서 근무하든, 또는 휴일에 근무하든 가산수당의 지급대상이 아닌 것이다.

(4) 교대근무제의 야간근로

야간근로를 하게 되면 야간근로수당을 반드시 지급하여야 한다. 교대근무제라고 해도 예외가 아니다. 교대근무제에서 야간근로는 필수적이다. 일반적으로 교대근무제는 탄력적 근로시간제를 동반하여 실시하는 경향이 있다. 예컨대 4조 2교대제를 운영하는 사업장에서 탄력적 근로시간제를 도입하게 되면, 1일 12시간 근무를 하더라도 연장근로수당은 발생하지 않지만, 야간근무를 하는 근무조에게 야간근로수당은 반드시 지급하여야 한다.

(5) 출장 중 다음 목적지로 야간근로시간대에 이동[7]

근로자가 출장 기타 근로시간 산정이 곤란할 때는 1일 8시간 근로한 것으로 볼 수 있다. 출장 중인 근로자가 특별한 지시 없이 단순히 다음 목적지로 이동하기 위한 휴일 또는 야간이동은 휴일근로 또는 야간근로로 보지 않는다. 다만, 사용자의 지시에 의해 휴일 또는 야간에 출장 업무상 이동이 명확하거나, 근로자가 출장을

---

7) 근기 01254-9659, 2002. 9. 25.

위해 이동하는 왕복 시간에 서류, 귀중품 등을 운반하거나 물품 감시 등의 특수한 업무수행이 동반된 상태라면 이 기간은 사용자의 지배하에 있다 할 것이므로 근로시간으로 보아야 한다.[8]

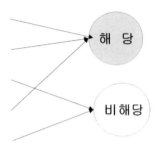

〈그림 3-3〉 야간근로 해당 여부

1 감시·단속직 근로자의 야간근로
2 재량근로시간제 적용 근로자의 야간근로
3 일·숙직 근로자의 야간근로
4 교대제 근로자의 야간근로
5 출장 중 다음 목적지로 야간시간대 이동

해 당

비 해당

3) 휴일근로시간

휴일근로시간은 근로의 의무가 없는 휴일에 근로하는 것을 말한다. 휴일에는 법정휴일과 약정휴일이 있다. 법정휴일에는 주휴일과 노동절 있으며, 만약 사업장 내 주휴일이 일요일이면, 일요일에 근무하면 휴일근로가 되고, 5월 1일 노동절에 근무하면, 이 역시 휴일근로가 되어 할증임금이 발생하게 된다. 약정휴일은 취업규칙이나 단체협약에서 정한 휴일을 말한다. 약정휴일은 회사 필요에 따

---

8) 근기 01254-546.

라 유급으로 할 수도 있고 무급으로 할 수도 있다. 예컨대, 회사 창립기념일을 유급휴일로 지정했는데 창립기념일에 나와 근무를 했다면 휴일근로에 해당하고 할증임금(가산수당)을 지급해야 한다.

휴일근로에 대한 가산수당은 8시간 이내 근로는 50%, 8시간을 초과하게 되면 추가 50%를 연장근로 가산수당으로 지급해야 한다. 이러한 가산수당은 근로자에게는 휴일 반납에 대한 보상이고, 기업에는 임금의 부담을 주어 휴일근로를 자제하도록 하려는 취지이다.

그동안 휴일근로의 최대 이슈가 휴일근로와 연장근로의 중복 문제였다. 그런데 2018년 「근로기준법」 개정으로 휴일근로시간이 연장근로시간에 포함되어, 이제 1주 52시간은 휴일근로시간까지 포함하게 되었고 휴일근로의 연장근로 할증임금은 휴일에 8시간을 초과 근무했을 때만 발생한다. 예컨대, 월요일부터 금요일까지 48시간을 근무했으면 휴일인 일요일에는 1주 52시간 범위인 4시간까지만 근로할 수 있게 되었다.

회사의 비상사태 등으로 주휴일에 근로를 시작해서 다음 날 소정근로시간 종료까지 근무하고 퇴근한 경우, 휴일근로시간을 어떻게 산정해야 할까? 이에 대한 행정해석은 그 익일의 소정근로 사업시각(예: 09:00) 전까지는 휴일근로에 해당하여 휴일근로수당(연장·야간근로수당 포함)을 지급하여야 하나, 월요일 시업 시각 이후의 근로는 휴일근로와 연장근로로 볼 수 없고 월요일의 정상 근로로 보아야 한다는 것이다.[9]

많은 중소기업이 관공서 공휴일(달력의 빨간 날)을 연차휴가로 대체하여 쉬고 있다. 이제 「근로기준법」 개정으로 민간 기업에서도 '달력의 빨간 날'에 쉬게 된다. 그러면 중소기업의 휴일이 연간 15일 정도 늘어나게 되어, 직원들의 워라밸이 향상된다. 중소기업의 관공서 휴일 적용은 〈그림 3-4〉에서 보는 것처럼 2021년 1월에 시작하여, 2022년 1월부터는 모든 사업장에 적용된다.

〈그림 3-4〉 관공서 휴일에 대한 민간기업 적용 로드맵

1단계	2단계	3단계
2020년 1월	2021년 1월	**2022년 1월**
300인 이상 기업	30~299인 기업	29인 이하 기업

9) 근기 68207-402, 2003. 3. 31.

4) 할증임금 중복

사업장에서 업무를 수행하다 보면, 하루가 금방 지나가고, 일상 업무가 연장근무로 이어지며 야간근로와 겹치게 되기도 한다. 때로는 휴일근로와도 중복한다. 이렇게 할증 사유가 중복될 때, 행정해석은 각각 산정하여 지급하는 것이다. 즉, 연장근로가 야간 시간대에 이루어지면 연장근로 할증 50%와 야간근로수당 50%가 모두 지급되어야 하고, 그것이 휴일에 일어났다면 여기에 휴일근로 가산수당까지 더해져야 한다(<표 3-1> 참조).

<표 3-1> 할증임금의 중복지급률

구분	평일 근무		휴일 근무		
	22:00 이전	22:00 이후	8시간 이내	8시간 초과	22:00 이후까지 진행
연장·야간·휴일근로	50%	50% + 50%	50%	50% + 50%	50% + 50% +50%

긴급한 업무처리로 전날의 근로가 그다음 날인 휴일까지 진행되는 경우, 연장·야간·휴일근로 수당을 모두 지급해야 한다. 특히, 휴일근로 가산수당은 휴일이 시작되는 시각부터 지급해야 한다. 예를 들어, 4월 30일 09:00에 출근하여 5월 1일(노동절) 10:00에 퇴근한 경우, 임금 근로시간은 <표 3-2>처럼 38시간이 나온다(휴게 시간 미고려).

<표 3-2> 할증임금의 중복지급률

구분	4월 30일			5월 1일			할증률	임금반영
	09:00~18:00	18:00~22:00	22:00~24:00	00:00~06:00	06:00~08:00	08:00~10:00		
실근로시간	25h						100%	25h
평일 연장근로시간		16h					50%	8h
야간근로시간			8h				50%	4h
휴일 연장근로시간						2h	50%	1h
합계	-							38h

3 포괄임금제의 관리방안[10]

2012년 대선 때부터 시작된 근로시간 단축 논의가 올해로 종지부를 찍고, 2018년 7월부터 근로자 300인 이상 기업과 공공기관을 시작으로 주 52시간제 근로체제로 들어갔다. 근로자들은 장시간 근로가 줄어들어 워라밸(work and life balance) 향상으로 마냥 행복할 것 같은데, 표정은 그렇지 않은 것 같다. 기업들은 더 복잡하고 고민이 깊다는 표정이 역력하다. 근로시간은 단축만 한다고 해서 되는 것이 아니고, 임금 인상을 고민해야 하고 거기다 포괄임금 문제까지 겹쳤기 때문이다.

정부는 금명간 포괄임금제 규제 지침을 발표한다. 포괄임금제가 노사 간의 뜨거운 감자로 떠오르고 있다. 기업 입장에서는 아무도 도와주는 사람은 없는데 계속 압박만 당하는, 그야말로 사면초가에 빠진 형국이다. 지푸라기라도 잡고 싶은 기업주들에게 그 해답은 무엇일까? 그것은 임금의 동기부여 기능을 활성화하는 것이다.

---

10) 정학용, 『중소기업을 위한 워라밸 인사노무관리』, 북랩, 2018. 9.

임금은 단순히 돈이 아니다. 그 속에는 기업전략이 있고, 근로자의 삶이 있으며, 제품과 서비스 경쟁력이 녹아 있는 등 특별한 기능을 수행한다. 잡코리아에서 2016년도 직장인들의 이직 사유를 조사한 결과도, 연봉에 대한 불만(61.7%)이 업무에 대한 불만(36.8%)이나 높은 스트레스(31.3%)보다 월등히 높았다. 이처럼 임금 속에는 우수 인재를 유치하고 유지하는 기능도 있기에 임금관리는 기업이나 근로자에게 매우 중요하며 인사노무관리의 꽃이다.

임금에는 조직의 모든 기능을 압도하는 제왕적 특성이 있다. 상사의 지시에 잘 따르고 동료들과 화합을 이루어내고 밤을 새워 고객의 납기를 맞추어 내는 것은 그 이면에 임금이 있기 때문이고, 기업의 기밀을 경쟁사에 넘기고 조직을 상대로 진정과 소송을 제기하는 것도 결국 임금 때문이다. 이러한 임금은 잘 활용하면 조직을 살찌우고 성장시키는 '보약'이지만, 오용하고 남용하면 조직을 병들게 하는 '마약'으로 돌변한다.

임금을 '보약'으로 만드는 묘책이 기대이론에 있다. 기대이론의 핵심은 근로자에게 동기를 부여하려면 적정한 임금수준을 보장해야 한다는 것이다. 구성원의 목표는 노력하면 달성 가능한 성과 수준이고, 그 성과에 대해 합당한 보상이 이루어지며, 그 보상에 대해 근로자가 만족한다면, 그에게는 동기가 부여되어 더욱 열심히 노력하고, 그 결과로 한층 높은 성과를 달성하게 된다〈그림 3-5〉

참조). 예를 들면, 감나무에 달린 감을 따려는 노력은, 감을 좋아하고 감이 딸 수 있는 높이에 열려있다면 감을 따려고 열심히 노력할 것이라는 이치와 같다. 기대이론을 적용하면 단기적으로는 비용이 증가하지만, 장기적으로는 성과향상으로 충분히 이득이라는 것이다. 경영 사상가이자 컨설턴트인 톰 피터스는 "구성원들의 잠재력을 활용하려면 높은 임금을 지불할 것."을 요구하고 있다.

〈그림 3-5〉 기대이론

고용노동부의 2017년 '기업체노동비용 조사 시범조사'에 따르면, 상용근로자 10인 이상 기업체에서 포괄임금제를 도입하고 있는 곳은 52.8%인 것으로 나타났다. 우리나라 중소기업에서 가장 많이 사용하고 있는 임금형태가 포괄임금제이다. 업무시간과 휴식 시간의 구분이 어려운 화이트칼라를 중심으로 확대되고 있다.

포괄임금제는 연장·야간·휴일근로수당을 실근로시간과 관계없이 기본급에 포함(정액급제)하거나 고정수당으로 지급하는 방법(정액수당제)이다. 기업체에서 포괄임금제가 확산되고 있는 이유는 임금계산이 편리하고 또한 초과근로수당을 지급하지 않아도 되기 때문이다. 그런데 포괄임금제와 유사한 연봉제[11]와 미국의 화이트칼라 이그젬프션(White-Collar Exemption)[12]과 같은 제도는 아무런 문제가 없는데, 왜 포괄임금제만 노사 간에 '뜨거운 감자'가 되고 있는가?

사실, 임금 항목을 어떻게 구성하느냐는 근로계약 당사자 간의 자유이지만, 포괄임금제로 체결하게 되면 다음과 같은 위법 또는 문제점이 있기 때문에 여타 제도들과 차이가 있다.

첫째, 장시간 근로를 고착화한다. 금번 「근로기준법」 개정의 취지는 근로자들의 장시간 근로를 줄여서 워라밸을 향상하자는 것이다. 그런데 포괄임금제를 사용하고 있는 사업장에서는 임금을 근로시간과 관계없이 고정급으로 지급하기 때문에 임금부담 없이 근로자들을 장시간 활용할 수 있다. 이는 장시간 근로를 고착화해 근로자들의 워라밸 향상을 방해한다.

둘째, 임금 착취의 우려가 있다. 「근로기준법」은 장시간 근로에

---

11) 연봉제도 총액 형태로 임금을 지급한다는 점에서 포괄임금제와 유사하나, 연봉제는 기존의 연공주의 인사 관행의 단점을 보완하고 성과를 기본으로 임금을 책정하여 지급하는 것으로 근로시간이 아닌 성과와 연동하는 제도임. 즉, 근로자 개인의 기업 생산성 기여도와 업무수행능력을 평가하여 연간임금총액으로 결정하여 지급함으로써 조직 구성원에게 동기부여 및 우수 인재 확보 및 유지에 기여함.
12) 미국의 '노블레스 오블리주'의 한 측면으로, 연봉 2만 불 이상 고액 연봉의 화이트칼라는 아무리 장시간 근무해도 초과 근무 수당을 받지 못하는 제도다. 이들은 근로시간이 아니라 성과에 따라 임금이 결정되기 때문이다.

대해서는 할증임금까지 부과하며 이를 막고 있다. 하지만 기업은 포괄임금제라는 이유로 연장·야간·휴일 근무수당을 실제로 일한 시간과 관계없이 고정급으로 지급하고 있다. 근로자들은 마땅히 받아야 할 임금을 받지 못하게 되고 착취당하게 된다.

셋째, 「근로기준법」에 따른 임금 지급의 원칙에 어긋난다. 통상임금, 평균임금, 최저임금 및 각종 수당 등 「근로기준법」상의 모든 임금은 근로시간을 기준으로 산정한다. 이들 임금은 근로시간이 길면 그만큼 더 지급된다. 하지만 포괄임금제는 근로시간과 무관하게 임금이 책정되므로, 「근로기준법」의 임금 지급 원칙을 위반하고 있다.

넷째, 근로계약서 및 임금 대장의 부실을 유발한다. 「근로기준법」 제17조에 따르면 근로계약서에는 소정근로시간, 임금구성항목, 계산 방법, 지불 방법을 명시해야 하고, 동법 제48조에 의하면 임금 대장에는 연장근로, 야간근로 또는 휴일근로를 시킨 경우에는 그 시간 수, 임금 내역별 금액을 기재하여야 한다. 그런데 포괄임금제는 임금구성항목이나 근로시간 수가 없거나, 있다 하더라도 실근로시간이 아니기 때문에 이러한 규정을 무력화시킨다.

다섯째, 임금의 동기부여 기능을 활용하지 못한다. 임금의 동기부여 기능은 근로자들에게 적정한 임금수준을 보장함으로써 근로자로 하여금 더욱 열심히 노력하게 하는 것이다. 하지만 포괄임금제는 근로자들의 임금착취 문제뿐만 아니라 불공정성 시비까지 불러일으켜 임금의 동기부여 기능을 훼손한다.

그런데 기업 현장에서는 이러한 포괄임금제 운영이 보편화되어, 포괄임금제를 운영하면 근로자를 장시간 근로시켜도 괜찮고, 연장근로수당을 지급하지 않아도 된다는 인식이 만연하게 되었고, 그 결과 법률 위반이라는 죄책감도 미약해졌다. 이러한 탈법적 인식의 확산은 온정적인 대법원 판례에서 비롯되었다. 본래 포괄임금제는 법률이 아니라 대법원 판례로서 인정된 제도이며, 대법원은 사용자의 임금 계산상의 편의를 용인하고, 일정한 요건 아래 포괄임금제를 인정해 왔다. 즉, "임금계산의 편의와 직원의 근무 의욕 고취를 위하고, 단체협약이나 취업규칙에 비춰 근로자에게 불이익이 없고, 제반 사정에 비춰 정당하다."라며 포괄임금제를 인정했다 (대법원 1992. 2. 28. 선고 91다30828, 대법원 1997. 4. 25. 선고 95다4056).

그러나 포괄임금제에 대한 법원의 이러한 온정적이고 관대한 결정이 저임금·장시간 근로의 무분별한 확산을 가져오자, 대법원은 2010년경부터 포괄임금제에 대해 두 가지 방향에서 엄격한 인정기준을 정립하였다.

첫째는 '근로시간의 산정이 어려운 경우'에만 포괄임금제를 허용

한다. "감시·단속적 근로 등과 같이 근로시간의 산정이 어려운 경우가 아니라면 달리 「근로기준법」상의 근로시간에 관한 규정을 그대로 적용 (중략) 되어야 할 것이다."라고 판시하였다(대법 2010. 5. 13. 선고 2008다6052). 이로써 근로시간 산정이 어려운 경우가 아니라면 포괄임금약정을 유효한 것으로 볼 수 없다는 판례 법리가 만들어졌다.

둘째는 포괄임금제에 관한 '명확한 합의'가 있는 경우에만 그 성립을 인정한다. "포괄임금약정은 (중략) 사용자와 근로자 사이에 그 정액의 월급여액이나 일당 임금 외에 추가로 어떠한 수당도 지급하지 않기로 하거나 특정한 수당을 지급하지 않기로 하는 합의가 있었다고 객관적으로 인정되는 경우이어야 할 것이다."라고 판시했다(대법원 2016. 10. 13. 선고 2016도1060). 이제 포괄임금제는 '근로시간의 산정이 어려운 경우'뿐만 아니라 '명확한 합의'가 있어야 인정하게 되었다.

현재 포괄임금제를 사용하고 있는 기업에서는 〈그림 3-6〉에서 보는 바와 같이, 먼저 포괄임금제의 유효성 요건을 따져 보아야 한다. 우선, 근로시간 산정이 어려워야 한다. 구체적으로 사업장 밖에서 근로하면서 근로시간을 노동자가 재량으로 결정하거나, 상황에 따라 근로시간의 장단이 결정되는 경우 등이어야 한다. 그리고 업무가 자연조건에 의해 결정되거나 단속적·간헐적이어서 실근로시간 사정이 곤란한 경우여야 한다. 그리고 근로계약서 등을 통한 명시적 합의가 있어야 한다.

〈그림 3-6〉 포괄임금제 인정요건 및 기업체 대응 프로세스

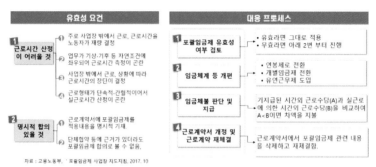

이렇게 사업장의 포괄임금제가 그 유효성 요건을 갖춘 경우에는 그대로 시행하면 된다. 하지만 유효성이 인정되지 않으면 〈그림 3-6〉에서 대응 프로세스에 따라 임금체계 등 개편 작업을 진행해야 한다. 임금체계 등 개편 작업에서는 임금의 동기부여 기능을 살릴 필요가 있다. 적정임금 수준을 보장하면 단기적으로는 비용손실이 발생하지만, 장기적으로는 생산성 향상으로 보답하게 된다. 이러한 임금체계 개편에는 세 가지 대안이 있다. 첫째, 현재 포괄임금제도를 연봉제로 전환하는 것이다. 예를 들면 "연봉에는 월 연장근로시간 10시간을 포함한다."라는 식으로 전환한다. 전환 후, 월 연장근로시간이 10시간을 초과하면 그에 대한 연장근로수당을 지급해야 한다. 둘째, 개별임금제로 전환하는 방법이다. 이것은 현

재 임금체계에서 각각이 법정근로수당을 살리고, 각 수딩에 대해 실근로시간에 따라 지급하는 것이다. 셋째, 유연근무제도를 도입하는 방법이다. 사업장 밖에서 근로하여 근로시간 산정이 어려운 경우에는 '간주근로시간제도(「근로기준법」 제58조 제1항 및 제2항)'를 활용하고, IT 개발업이나 연구업무 등 업무 수행 방법을 근로자 재량에 위임할 필요가 있는 업무는 '재량근로시간제(동법 제58조 제3항)'를 활용할 수 있다. 또한, 계절적 사유로 인하여 연장근로가 발생한다면 '탄력적근로시간제(동법 제51조)'를 이용할 수 있다.

포괄임금제가 무효로 되면, 기지급된 시간외근로수당(A)과 실근로시간외근로수당(B)을 비교하여 'A<B'이면 그 차액을 지급하여야 한다. 이때 정액급제의 포괄임금제는 제도가 무효로 되므로, 이미 지급된 임금총액에 소정근로시간을 나눈 값을 통상시급으로 하며, 여기에 실근로시간을 곱하여 시간외근로수당을 산출하여 지급하여야 한다. 마지막으로 근로계약서나 취업규칙 및 단체협약에 포괄임금제 관련 조항을 삭제하고, 근로계약은 재체결하여야 한다.

현 정부는 근로시간 단축을 통한 위라밸 향상과 고용 창출을 국정과제로 삼고 있다. 항간에는 장시간 근로를 부추기는 포괄임금제를 완전히 폐지한다는 소문까지 나돌고 있다. 하지만 여전히 포괄임금제의 효율성을 필요로 하는 개소가 있고, 임금형태는 경영권의 영역이므로 폐지하는 것보다는 더욱 엄격하게 운영할 것으로 예상된다. 그래서 장시간 근로의 개연성이 있는 사업장 등은 철저히 감독할 것으로 전망된다.

언제가 해야 할 일이면 지금 하고
누군가 해야 할 일이면 내가 하고
어차피 해야 할 일이면 열심히 하자.

어느 책에서 읽은 글귀이다. 포괄임금제의 개편, 이제는 미룰 때가 아니다. 어차피 해야 할 일이니 제대로 할 필요가 있다. 포괄임금제 개편을 때맞춰 한 모범적 사례가 온라인 상거래 업체인 위메프다.

이번에 공식적으로 위메프가 시간외근로수당을 기본급에 포함하는 등 임금삭감 없이 포괄임금제의 폐지를 선언하였다. 위메프는 단기적으로는 연장·야간·휴일근로수당의 발생으로 비용이 증가하지만, 장기적으로 시간외근로가 줄어들기 때문에 이익이라고 전망했다. 위메프는 이러한 비용 절감 효과 외에도 적정한 임금인상으로 임금의 동기부여 효과도 배가되어 생산성 향상도 전망된다. 위메프 직원들의 얼굴에는 행복한 표정이 가득하리라는 것은 불문가지다.

4 ▶ 근로시간에도
양면성이 있다

✎ 법률이 아무리 정교하게 만들어져도 복잡다기한 기업 활동들을 일괄적으로 규제하기는 쉽지 않다. 법률에서 완화 규정이나 예외 규정은 불가피하다. 「근로기준법」에서 완화 규정의 대표적인 것이 근로시간의 적용 부분이다. 법정최고 근로시간인 1주 52시간을 모든 사업장에 적용하기 힘들고, 4시간마다 30분 이상의 휴게 시간을 부여하는 것도 그대로 적용하기 곤란한 점이 있다.

예를 들면, 의사들이 중환자를 수술하는 과정에서 4시간 지났다고 수술을 접고 쉬었다가 다시 수술할 수는 없고, 서울에서 뉴욕으로 날아가는 비행기가 그동안 운행 시간이 1주 12시간 지났다고 비행기를 세울 수도 없다. 또한, 업무강도가 약하거나 휴게 시간이나 대기시간이 많은 업무 종사자(예: 아파트 경비원 등)에게는 「근로기준법」상 근로시간 규정을 그대로 적용하기도 곤란하다.

사업장의 이러한 근로시간 적용의 애로사항을 반영하여, 우리 「근로기준법」은 연장근로의 한도나 휴게 시간 적용을 특정 사업이나 업무에 대해서 완화 적용하고 있다. 대표적인 것이 「근로기준법」 제59조에서 규정하고 있는 운송사업과 보건업에 대해서 근로시간과 휴게 시간의 완화 적용이다. 그리고 동법 제63조에서는 농·축·수산업에 종사하는 근로자나 감시·단속적 근로자 그리고 관리·감독 또는 기밀업무 취급 종사자에게는 근로시간, 휴게와 휴일 규정의 적용 예외자로 분류하고 있다.

모든 일에는 양면성이 있다. 근로시간의 완화 적용에도 긍정적인 효과와 부정적인 효과가 있다. 사회의 공익을 증진하고, 사업장의 불필요한 갈등을 감소시키는 긍정적인 측면도 있지만. 한편으로 우리나라가 OECD 국가 중에 근로시간 최다국 중의 하나가 되는 불명예의 원인이 되기도 한다. 지난 2018년 2월경에 「근로기준법」을 개정하면서 특례사업장을 대폭 축소한 것도 이러한 불명예를 줄이고자 하는 취지가 크다.

근로시간 및 휴게 시간 특례제도 규정 개정 사유(고용노동부, 2018. 5)

○ 특례제도는 연장근로의 한도를 적용받지 않음으로 근로자 대표와 서면 합의를 통해 제도를 도입한 경우 사실상 무제한적인 장시간 노동이 가능해 근로자의 건강과 안전은 물론 공중의 생명까지 위협하는 요인이 될 수 있음.
○ 이에 근로시간 및 휴게 시간의 특례 적용 업종을 대폭 축소하고, 특례제도를 도입한 경우에도 근로일 종료 후 다음 근로일 개시 전까지 최소 11시간의 연속 휴식 시간 부여를 의무화하여 과도한 장시간 근로를 방지함으로써 근로자의 기본적인 근로 조건을 보호하려는 것임.

1) 근로시간 특례사업장

이제 근로시간 및 휴게 시간의 특례사업으로 5개 사업만 인정하고 있다. 그것은 ① 육상운송 및 파이프라인 운송업, ② 수상운송업, ③ 항공운송업, ④ 기타 운송 관련 서비스업, ⑤ 보건업이다. 예컨대, 울산에서 런던까지 수출할 자동차를 싣고 가는 선박이 법정근로시간 때문에 운항 중도에서 세울 수 없다. 그래서 일부 업종에 대해 근로시간의 완화 적용이 필요하다. 다만, 「여객자동차 운수사업법」 제3조 제1항 제1호에 따른 노선(路線) 여객자동차운송사업, 즉 시내버스나 마을버스 사업은 제외되었다.

2018년 2월에 개정된 근로시간 및 휴게 시간 특례제도의 주요 내용은 기존 특례업종의 수를 대폭 축소(26개→5개)하고, 그 근로자들에게 11시간의 연속휴식 시간을 보장한다는 것이다. 그동안 특례사업장이었던 교육서비스업이나 소매업, 식당이나 숙박업소 등은 제외되었다. 또한, 11시간 연속휴식 시간을 부여함으로써 근로자의 건강 보호와 사생활 보호를 위한 최소한의 안전장치를 마련한 셈이다.

이러한 특례제도를 도입하려면 2가지 요건이 필요한데, ① 특례 대상 사업에 해당하고 ② 근로자대표와의 서면 합의이다. 이때 근로자대표는 당해 사업 또는 사업장에 근로자 과반수로 조직된 노동조합이 있는 경우에는 그 노동조합, 근로자의 과반수로 조직된 노동조합이 없는 경우에는 근로자 과반수를 대표하는 자를 말한다. 이러한 2가지 요건을 충족한 사업장은 근로시간 특례 적용을 받을 수 있다.

특례제도의 도입 요건을 갖춘 사업장은 법정 연장근로시간의 한도를 초과하여 무제한 연장근로를 실시할 수 있으며 휴게 시간도 변경할 수 있다. 하지만 근로시간과 휴게 시간을 제외하고 나머지 사항들, 즉, 주휴일이나 연차유급휴가는 주어야 하고 또한 연장·야간·휴일근로를 하였을 때는 가산 임금도 지급해야 한다.

한편 연소근로자나 임산부 근로자, 유해 또는 위험한 작업에 종사하는 근로자는 별도로 연장근로에 대한 제한을 받게 되므로 근로시간 및 휴게 시간의 특례 대상에서 제외된다.

2) 근로시간 등 적용 제외 근로자

「근로기준법」 제63조(적용의 제외)에서는 근로시간, 휴게와 휴일에 관한 규정 적용 제외 근로자를 다음과 같이 규정하고 있다.

1. 토지의 경작·개간, 식물의 재식(栽植)·재배·채취 사업, 그 밖의 농림 사업

2. 동물의 사육, 수산 동식물의 채포(採捕)·양식 사업, 그 밖의 축산,
　양잠, 수산 사업
3. 감시(監視) 또는 단속적(斷續的)으로 근로에 종사하는 자로서
　사용자가 고용노동부 장관의 승인을 받은 자
4. 대통령령으로 정하는 업무에 종사하는 근로자

　상기 제1호와 제2호인 농·축·수산업 및 양잠 등 1차 산업은 그 성과물이 자연 여건에 좌우된다. 이러한 산업의 생산량은 리더십이나 투입 인원 또는 근로시간에 영향을 받는다기보다는 강우량이나 일조량, 강우량 등 자연조건에 좌우된다. 예컨대, 한여름 뙤약볕 아래에서 일하는 농부에게 4시간 일하고 30분 휴게 시간을 갖는 것은 죽음과 같은 것이고, 파도가 거센 날에 바다에 나가서 8시간 작업한다는 것은 불가능하다. 그래서 농·축·수산업 및 양잠 산업은 근로시간 적용에서 예외가 되는 것이다.

　제3호는 아파트 경비원, 학교 당직 근로자 등 감시(監視) 또는 단속적(斷續的)으로 근로에 종사하는 자로 근로가 간헐·단속적으로 이루어지고, 휴게 시간·대기시간이 많고 근로시간과 휴게 시간의 구분이 어렵기 때문에, 고용노동부 장관의 승인으로「근로기준법」상 근로시간 관련 규정이 적용되지 않는다.

　감시·단속적 근로자의 휴게 시간에 대한 분쟁이 증가하자 고용노동부는 감시·단속적 근로자의 근로·휴게 시간에 관한 가이드라

인을 제시하고 있다.[13] 근로시간 도중에 장시간의 휴게 시간을 정하는 것은 업무상 형편에 의하여 필요하다면 일정한 조건하에 허용될 수 있으나, 형식적으로 지나치게 긴 시간을 휴게 시간으로 설정하는 것은 바람직하지 않다고 하면서 고용과 임금보장 그리고 휴식권을 보장할 것을 안내하고 있다.

TIPS **장시간 휴게 시간 허용 조건**

① 휴게 시간은 단체협약, 취업규칙, 근로계약 등에 의하여 미리 정하여져 있어 사용자가 임의변경하거나 연장할 수 없어야 하고, ② 작업의 성질 또는 사업장의 근로조건 등에 비추어 사회 통념상 필요하고 타당성이 있다고 일반적으로 인정될 수 있는 객관적인 사유가 있어야 하며, ③ 근로자가 근로의 제공으로부터 완전히 이탈하여 자유로이 이용할 수 있도록 보장되어야 하며, 실질적인 휴식이 가능하도록 필요한 조치가 마련되어 있어야 함(근기 01254.1344, 법무 811-5124).

「근로기준법」 제63조 제4호의 '대통령령으로 정한 업무'란 사업의 종류와 관계없이 관리·감독 업무 또는 기밀을 취급하는 업무를 말한다. 이들은 출퇴근을 엄격히 제한받지 않는 직무에 종사하기 때문에 근로시간 관련 규정의 적용이 적당하지 않다.

'관리·감독업무에 종사하는 자'에 대한 행정해석[14]은 "근로조건의 결정 기타 노무관리에 있어서 경영자와 일체적 지위에 있는 자

---

13) 고용노동부, 『감시·단속적 근로자의 근로·휴게 시간 구분에 관한 가이드라인』, 2016. 10.
14) 근로개선정책과-41, 2011. 3. 3.

를 말하는 것으로 사업장이 노무관리방침의 결정에 참여하거나 노무관리상의 지휘·감독 권한을 지니고 있는지 여부, 출퇴근 등에 있어서 엄격한 제한을 받는지 여부, 그 지위에 따른 특별수당을 받고 있는지 여부 등을 종합적으로 검토해 판단해야 한다.”라고 하고 있다. 따라서 현장 과장 및 관리직 과장급 이상인 자의 경우도 직책 명칭만으로 관리·감독자로 판단할 것이 아니라 상기 기준에 따라 구체적으로 판단하여야 한다.

'기밀의 사무를 취급하는 자'에 대한 행정해석[15]은 “비서 기타의 직무가 경영자 또는 관리직 지위에 있는 자의 활동과 일체 불가분으로 출·퇴근 등에 있어서 엄격한 제한을 받지 않는 자를 말한다.”라고 하고 있다. 그래서 비서업무를 수행한다고 모두 기밀의 사무를 취급하는 자가 되는 것이 아니다. 단순히 경영자의 일정을 관리하고 지시하는 일만 처리하는 비서실 직원은 기밀을 취급하는 자로 보기 힘들지만, 경영자의 활동과 불가분적 관계에 놓여 있고 출퇴근에 엄격한 제한을 받지 않고 있는 비서실장 정도는 기밀의 사무를 취급하는 자로 볼 수 있을 것이다.

이들 근로시간 등 적용 제외 내용은 <표 3-3>에서 보는 것처럼 근로시간, 휴게와 휴일에 관한 조항일 뿐이고, 나머지 조항들은 모두 적용된다. 그래서 이들이 연장근로를 하더라도 실근로에 대한 임금은 지급해야 하지만, 그에 대한 가산수당은 지급할 필요가 없

---

15) 근기 01254-5592, 1987. 4. 6.

다. 또한 휴일근로를 하더라도 실근로 이외에 가산 임금을 지급할 필요가 없으며, 근로시간 중에 휴게 시간도 부여하지 않아도 된다. 하지만, 주의할 점은 비록 이들에게 연장근로와 휴일근로에 대한 가산 임금은 지급할 필요가 없지만, 야간근로는 취침이라는 정상적인 생활습관을 파괴하는 것이기 때문에, 야간근로수당은 지급해야 한다.

〈표 3-3〉 근로시간 등 적용 제외자 적용 및 미적용 규정

구분	적용 규정	미적용 규정
근로시간	-	주 40시간, 연장 12시간 한도
수당	야간근로 가산수당	연장·휴일 가산수당, 주휴수당
휴일	취업규칙의 약정휴일, 노동절	주휴일
휴게·휴가	연차유급휴가(15~25일)	휴게시간

근로시간 관리의 핵심은 근로시간 단축이다

위기는 곧 기회이다. 인력운영의 여유가 없고, 장시간 근로가 일상화되어 있는 중소기업은 지금 위기상황이다. 이러한 상황에서 근로시간 단축문제는 사업장에게 어려운 과제를 던져주고 있다. 하지만, 노사가 합심하면 해결 불가능한 것도 아니다. 노사가 생산성 향상 등을 위해 발 벗고 나선다면 이번의 위기를 기회로 만들 수 있고, 경쟁력 있는 기업으로 거듭날 수도 있다.

- 본문 중에서

1 ▶ 기업 경쟁력은 근로시간 단축으로부터…

근로시간 관리의 주요한 목적은 '어떻게 생산성을 향상시킬 것인가?'이다. 4차 산업혁명 시대에 더 이상 장시간 근로로는 경쟁력을 가질 수 없다. 장시간 근로는 4차 산업혁명 시대에 핵심역량인 창조와 혁신의 에너지를 고갈시키고, 산업재해를 유발하고, 근로자의 건강을 저해하며, 가정생활을 파괴 등 부작용을 유발하기 때문이다. 그래서 노동운동의 역사는 근로시간 단축의 역사이다. 근로시간 단축은 기업의 경쟁력 향상을 위해서도 필요하지만, 근로자들의 워라밸 향상을 위해서도 중요하다. 근로시간 관리의 핵심은 근로시간의 단축이라고 할 수 있다.

300인 이상 대기업의 근로시간 단축이 시작되었으나 그 효과는 그리 크지 않아 보인다. 대기업의 1주 52시간제 적용은 본래 2018년 7월 1일부터였으나, 준비기간을 고려하여 6개월의 유예기간을 거쳐 2019년 1월 1일부로 본격적으로 시행되었다. 고용노동부의 고용노동통계에 따르면 〈그림 4-1〉에서 보는 것처럼 1주 52시간 적용 전·후인 2018년 1월과 2019년 1월의 근로시간과 비교해보면 전체적으로 총 근로시간은 1.1%, 초과근로시간은 2.6% 감소한 것으로 나타나고 있다. 제조업 기준으로는 총 근로시간 1.8%, 초과근로시간은 5.4% 감소한 것으로 나타났다. 이러한 수치는 단지 법률의 개정만으로는 근로시간의 단축이 한계가 있음을 보여주고 있다. 근로시간의 효과를 크게 하려면, 법률 개정과 더불어 시설투자나 업무혁신 그리고 생산성 향상을 위한 노력들이 뒷받침되어야 한다.

<그림 4-1> 대기업의 근로시간 단축 이전과 이후의 근로시간 비교

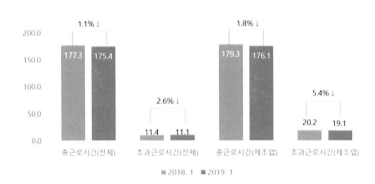

이러한 현상은 중소기업이라고 해서 예외가 아닐 것이다. 중소기업의 근로시간 단축이 1주 52시간제의 법률 개정만으로는 효과가 미미할 것임을 대기업 사례의 타산지석으로 알 수 있다. 중소기업의 1주 52시간제 적용은 본래 2020년 1월 1일부터였으나 중소기업들의 준비상황을 고려하여 1년의 계도기간을 부여함으로써 사실상 시행이 1년간 유예된 셈이다. 그렇다면 중소기

업들은 이 기간을 좀 더 생산적으로 활용할 필요가 있다. 사업장 여건에 맞는 유연근무제를 도입하고, 연장근로 관리 제도를 개선하며, 업무혁신 및 시설투자도 함께 추진할 필요가 있다.

근로시간 단축과 관련하여 근로시간 관리 이슈는 다음과 같다.

① 연장근로 관행의 개선
② 근로시간이 짧은 단시간근로자들의 근로시간 관리
③ 근로시간면제자인 노조 전임자의 근로시간 관리

위기는 곧 기회이다. 인력운영의 여유가 없고, 장시간 근로가 일상화되어 있는 중소기업은 지금 위기상황이다. 이러한 상황에서 근로시간 단축문제는 사업장에게 어려운 과제를 던져주고 있다. 하지만, 노사가 합심하면 해결 불가능한 것도 아니다. 노사가 생산성 향상 등을 위해 발 벗고 나선다면 이번의 위기를 기회로 만들 수 있고, 경쟁력 있는 기업으로 거듭날 수도 있다.

2 ⟩ 근로시간 단축은
연장근로 관행 개선에서부터[1]

이제 우리는 안방에서 아마존(Amazon)을 통해 내가 원하는 상품을 전 세계의 브랜드 중에서 최저 가격으로 최고의 상품을 구매할 수 있는 시대에 살고 있다. 이러한 글로벌 경쟁체제하에서는 기업들의 장시간 근로를 통한 가격경쟁 모델은 더 이상 유효하지 않다. 미래의 기업들은 창의적이고 혁신적이며 부가가치가 높은 상품이나 서비스를 제공해야 하고, 이러한 상품과 서비스는 구성원들의 철저한 몰입과 협력을 필요로 한다.

그래서 미래 기업들은 근로시간의 양보다는 질을 중시하게 되고, 조직 구성원들이 자신의 근무시간을 선택할 수 있고, 언제 근무할지, 얼마나 많은 일을 할지도 결정할 수 있도록 하고 있다. 구글이나 3M이 그렇고, 『포천』의 100대 기업에 매년 선정되는 소프트웨어 기업인 SAS도 그렇고, 아마존에 10억 불에 인수된 온라인 신발 판매기업인 자포스도 그렇다.

이번에 개정된 근로시간 단축도 그동안 기업들의 장시간 근로의

---

1) 정학용, '근로시간 단축에 따른 연장근로 관행의 개선대책', 『월간 인사관리』, 한국인사관리협회, 2018. 5.

존에서 벗어나, 근로시간의 질적 향상을 전환하라는 경제·사회적 요구를 반영한 것이다. 하지만 이를 당장 실행에 옮겨야 하는 기업 입장에서는 고민이 적지 않다. 직원들의 근로시간 몰입을 이끌어 내야 하는 데다가, 임금인상 기대도 무시할 수 없고 그동안 운영해 온 포괄임금제도의 개선도 불가피하다. 이번 근로시간 단축은 기업의 인사노무관리 전반의 튜닝 작업을 요구하고 있다.

1) 근로시간 단축의 핵심은 장시간 근로의 축소이다

⑴ 1주가 휴일을 포함한 연속된 7일임을 명시

경제협력개발기구(OECD)의 2017년도 고용동향에 따르면 우리나라 근로자들의 연간평균근로시간은 OECD 회원국 중에서 두 번째로 긴 것으로 조사되었다. 이러한 우리 근로자들의 장시간 근로는 68시간까지 근로가 가능하다는 행정해석과도 무관하지 않다.

연장근로는 법정근로시간(1주 40시간, 1일 8시간)을 초과하여 근로하는 것을 의미하며, 「근로기준법」 제53조에 의해 연장근로는 1주간에 12시간 한도로 가능하다. 1주간 근로시간은 법정근로시간에다 연장근로 12시간을 합하여 52시간이다. 그런데 기존의 행정해석은 연장근로에는 휴일근로를 포함하지 않음으로 1주간 근로시간은 연장근로 52시간에다 휴일근로 16시간(토요일 8시간+일요일 8시간)을 합하여 최장 68시간까지 근로할 수 있다는 것이다.

하지만, 금번 법 개정으로 인해 1주가 휴일을 포함하여 7일이고, 1주간의 연장근로에는 휴일근로를 포함하여 52시간임이 명확해졌다. 이는 근로자들에게는 워라밸(work and life balance) 향상을 가져오게 되었지만, 그동안 휴일근로가 많았던 기업의 입장에서는 근무체제 개편이 불가피하다.

⑵ 근로자들도 관공서의 공휴일을 유급휴일로 향유 가능

우리나라 휴일제도에는 두 가지가 있다. 하나는 달력의 빨간 날, 즉 관공서의 공휴일에 관한 규정에 따른 공휴일이고, 다른 하나는 주휴일과 근로자의 날, 즉 「근로기준법」상의 휴일이다. 전자는 공무원들의 유급휴일이고 후자는 근로자의 유급휴일이므로, 그동안 근로자들에게 법적으로 보장된 휴일은 주휴일과 근로자의 날, 두 가지뿐이었다.

하지만, 대부분의 기업은 관공서 공무원들과 같이 공휴일에도 쉬고 있다. 기업에서 공휴일을 쉬는 형태는 회사규정이나 단체협약 등에서 공휴일을 기업의 휴일로 규정하거나 또는 연차휴가를 대신하여 공휴일을 쉬고 있다. 후자의 연차휴가 대체는 「근로기준법」 제62조에 의거하여 근로자대표와 서면 합의만 있으면 가능하다.

우리나라 기업의 99.9%에 해당하는 300인 미만의 중소기업 중에서 다수의 기업이 후자의 방법으로 공휴일을 쉬고 있다. 그동안 많은 근로자가 연차휴가를 제대로 사용하지 못하고 있었다는 의미이다. 이제 근로자들에게는 연차휴가 사용으로 휴일이 늘어나지만, 기업의 입장에서는 근로시간이 단축되는 것이므로 생산성 하락으로 이어지지 않도록 하는 노력이 필요하다.

(3) 휴일근로의 8시간 이내는 50%, 8시간 초과는 100% 할증

사용자는 근로자의 연장근로에 대해 통상임금의 50%를 더해서 지급해야 한다. 특히 연장근로가 휴일근로에도 해당한다면 더해서 줄 사유가 두 번 발생하게 되므로 통상임금의 100%를 지급해야 한다. 기존 행정해석은 휴일근로가 8시간을 초과하는 경우에만 연장근로를 인정하여, 휴일근로 및 연장근로 각각 50%를 더하여 100%를 할증하여 지급하는 것이다.

그런데 성남시 소속 환경미화원들은 이러한 행정해석을 거부하고, "휴일근로가 8시간을 초과하지 않는 경우에도 100%를 지급해 달라." 라는 소송을 제기하였고, 이에 대해 1심과 2심법원은 이들의 손을 들어주면서, 휴일근로는 연장근로에 해당하므로 100% 지급해야 한다는 판결을 하였다. 현재 대법원판결만 남겨두고 있는 상태이다.

하지만, 개정된 휴일근로 할증률은 행정해석의 입장을 명확히 반영하여, 휴일근로가 8시간을 초과하는 경우에만 100%로 인정하도록 하고 있다. 이는 법원의 판결처럼 휴일근로 8시간 이하에도 연장근로를 인정하여 100% 할증하여 지급한다면 기업의 부담이 상당해지므로, 이를 고려한 것이다. 성남시 환경미화원 소송도 개정된 법의 테두리 내에서 결말이 날 것으로 예상된다.

⑷ 근로시간 특례업종을 26개에서 5개로 축소

「근로기준법」 제59조는 공중의 편의 또는 업무의 특성상 연장근로 및 휴게 시간의 적용 완화가 필요한 26개 업종에 대해 노사 간 서면 합의에 따라 근로시간의 특례를 인정해 왔다. 이 규정은 장시간 근로의 원인을 제공하였고, 근로자들의 과로와 수면부족으로 사업장의 크고 작은 산재사고 등을 초래한다는 비판을 받아 왔다.

그런데 이번 법 개정을 통해 근로시간 특례업체가 26개에서 5개로 축소됨으로써, 그동안 장시간 근로에 의존해 왔던 중소기업들은 근로시간 관리체계의 개편이 불가피해졌다. 우선은 휴일근로나 야간근로 축소를 위해 워크 다이어트(Work Diet) 등의 노력이 필요하고, 인력충원이나 시간제 근로자 활용도 고려해야 한다. 또한 기존 직원들의 임금 하락에 대한 대응 방안도 마련해야 한다.

2) 근로시간 단축에 따른 임금인상에 대한 대비도 필요하다

임금은 개념상 근로의 대가이므로, 근로시간이 줄어들면 임금도 하락하는 것이 당연하다. 그런데도 불구하고 왜 기업은 임금 하락이 아니라 임금인상을 걱정해야 하는가? 그것은 임금의 하방경직성 때문이다. 가정으로 들어온 임금에는 모두 꼬리표가 붙어 있다. 예를 들면, 큰딸 등록금, 둘째 아들 학원비, 막내 태권도 수련비, 아파트 구입 융자금 납부 등이다. 임금이 하락한다고 등록금을 줄일 수도, 학원비를 무작정 끊을 수도 없다. 한번 오른 임금을 내린다는 것은 한번 오른 상품의 가격을 내리는 것보다 더 어려운 경직성을 가지고 있다.

그렇다고 기업에서는 하방경직성만 염두에 두고 임금을 계속 올려줄 수도 없는 노릇이다. 임금에는 또 다른 양면성이 있기 때문이다. 기업은 임금이 제품이나 서비스의 원가가 되기 때문에 최소화하려고 하고, 직원은 생계비이기 때문에 최대화하려고 한다. 이러한 임금의 양면성은 직원들의 이직 원인이 되고, 기업의 운영적·법률적 리스크를 유발하기도 한다.

그러면 금번 근로시간 단축 조치와 관련하여, 임금의 하방경직성과 양면성 측면에서 기업들은 어떻게 대응해야 할까? 즉, 임금 보전은 어느 수준까지 할 것이며, 어떤 방법으로 보전해 주어야 하는

가? 임금 보전수준은 근로시간 단축 전의 임금수준을 싱한신으로 하고, 근로시간 단축으로 인한 임금 하락 수준을 하한선으로 하여, 그 사이에서 정하는 것이 합리적일 것이다. 또한 회사의 부가가치 생산성이나 매출액 대비 인건비 비율 그리고 경쟁사의 동향도 고려해야 한다. 나아가 회사의 임금정책을 선도전략으로 할 것인지, 추종전략으로 할 것인지도 결정하고 구성원들과 정보도 공유하고 협조도 구해야 한다.

임금인상분을 보전하는 방법에는 크게 세 가지를 생각해 볼 수 있다.

첫째, 기본급 또는 시급을 인상하는 방법이다. 이는 보전금액을 기본급 또는 시급에 포함하여 인상하는 것인데, 이때 직급 간 또는 호봉 간 역전현상이 발생하지 않도록 주의해야 한다. 연봉제는 기본연봉 인상으로 인한 법정수당 등의 증가를 감안해야 하고, 호봉제에서는 호봉 테이블의 베이스 업(based-up)이 필요한데 이때 호봉 간의 왜곡현상이 발생하지 않도록 해야 한다.

둘째, 보전수당으로 지급하는 방법이다. 보전금액을 별도로 수당화하는 것으로, 관리가 간편하기 때문에 많이 활용하는 방법이다. 하지만, 명확히 수당으로 보전하는 경우라면 보전수당이 통상임금에 추가로 포함되지 않도록 유의해야 한다.

셋째, 인센티브제 도입 등 성과주의 보상제도를 도입하는 방법이다. 성과주의 보상제도는 기본급의 인상율을 성과평가 결과에 따라 차등하는 제도이므로 성과가 좋은 직원에게는 보전수당 이상의 임금을 보상해 줄 수도 있는 제도이다. 이러한 성과주의 보상제도는 목표관리나 평가관리 등이 기반이 되어야 하기 때문에 인사노무관리체계 전반의 변화를 요한다.

3) 중장기적인 대책도 마련해야 한다

근로시간 단축은 현 정부의 국정운영과제로써 일자리 창출과 자녀 출산 문제 등과 관련이 있기 때문에, 연장근로나 포괄임금제 등에 대한 근로감독을 점차 강화할 것으로 예상된다. 따라서 이에 대한 중장기적인 대책도 마련해야 한다.

(1) 연장근로 3단계 관리방안 마련 필요

이번 근로시간 단축은 연장근로의 축소를 의미한다. 따라서, 불요불급한 연장근로는 축소해야 하고 근로자들을 업무시간에 최대한 몰입하게 하며 관행적인 연장근로를 지양하는 분위기를 마련해야 한다. 이를 위해 〈그림 4-2〉처럼 연장근로 3단계 관리방안 등이 필요하다.

요건 명확화	승인절차 마련	사후관리
• 연장근로 인정요건 명확화 • 연장근로에 필요한 업무를 하지 않고 회사에 머물렀다는 이유만으로 연장근로 인정불가	• 연장근로를 신청하지 않은 자발적 근로로는 연장근로로 보지 않음. • 부서장은 연장근로가 발생하지 않도록 업무조정 등의 조치 필요	• 개인별, 부서별 통계관리 • 부서장은 연장근로 축소 방안, 필요시 조직개편 실시

1단계로 연장근로의 요건을 명확히 해야 한다. 동반 야근을 한다거나 불요불급하지 않은 일상적인 업무의 연장근로는 인정되지 않음을 분명히 하고, 일과시간에 처리하기 도저히 어려운 업무를 중심으로 인정한다.

2단계는 연장근로 승인절차를 마련하는 것이다. 연장근로로 인정받으려면 사전에 신청하도록 하고 사전 신청하지 않은 자발적인 근로는 연장근로로 보지 않는다. 부서장은 평소 연장근로가 발생하지 않도록 업무조정이나 코칭 활동을 활발히 해야 한다.

3단계로 사후관리가 이루어져야 한다. 연장근로에 대해 개인별, 부서별 통계를 관리하고 연장근로가 과도한 것으로 드러난 부서는 연장근로 축소 방안을 마련하도록 하고, 회사 차원에서는 합리적인 조직개편도 검토할 필요가 있다.

⑵ 결국 직원들의 공감과 참여가 성공의 열쇠다

금번 근로시간 단축 관련 법 개정은 기업에게 분명히 어려운 과제를 던져 주고 있는 것은 확실하다. 이러한 난제의 해결을 위해서는 회사와 관리자의 리더십과 함께 현장 직원들의 호응도 뒤따라야 한다. 리더는 회사의 어려움과 위기에 대해서 이해와 협력을 구하고, 노사 간의 한 방향 정렬과 협력을 위해 지속적이고 진정성이 있는 소통을 해야 한다. 이를 통해 실효성 있는 제도의 설계와 운영이 되도록 하여 결국 생산성 향상을 통한 위기극복으로 이어지는 선순환 체계를 구축해야 한다. 이와 같은 리더십 발휘와 직원의 참여를 이끌어 낸다면, 금번 법 개정은 인사노무관리의 위기나 리스크 요인이 아니라 직원들의 창의성과 자율성 제고를 통해 새로운 도약의 기회 요인으로 작용할 수 있을 것이다.

3 단시간근로자의 근로시간 관리

'단시간근로자'란 1주 동안의 소정근로시간이 그 사업장에서 같은 종류의 업무에 종사하는 통상 근로자의 1주 동안의 소정근로시간에 비하여 짧은 근로자를 말한다. 여기에는 아르바이트, 파트타임 등 시간제 형태의 근로를 하는 근로자들을 모두 포함한다. 미래에는 기술의 발달로 시공간의 구속을 받지 않고 업무를 하는 근로자들이 늘어날 전망이고 따라서 시간제 근로자 등 단시간근로자들이 증가할 것으로 예상된다.

이러한 단시간근로자의 근로시간이나 임금 등 근로조건은 그 사업장의 같은 종류의 업무에 종사하는 통상 근로자의 근로시간을 기준으로 산정한 비율에 따라 결정된다.

(1) 1일 소정근로시간

단시간근로자의 1일 소정근로시간은 4주 동안의 소정근로시간을 그 기간의 통상 근로자의 총소정근로일수로 나눈 시간이다. 단시간근로자의 1일 소정근로시간은 통상근로자의 소정근로일수에 따라 달라진다. 단시간근로자에게도 소정근로시간은 주휴수당 및 연차유급휴가 수당 계산의 기준이 되므로 중요하다.

예컨대, 단시간근로자의 1주 소정근로시간이 30시간이고, 통상근로자는 주 5일 근무한다면 단시간근로자의 1일 소정근로시간은 6시간[=(30h×4주)/(5일×4주)]이 된다. 그런데 단시간근로자의 1주 소정근로시간은 30시간이고, 통상근로자는 주 6일 근무한다면, 단시간근로자의 1일 소정근로시간은 5시간[=(30h×4주)/(6일×4주)]이 된다. 이와 같이 30시간을 똑같이 근무하는 단시간근로자이지만, 사업장의 통상근로자의 근로일 수에 따라 1일 소정근로시간이 달라지고 주휴시간도 달라지게 된다.

(2) 연장근로

단시간근로자의 연장근로 산정방식은 통상근로자의 방식과 다르다. 통상근로자의 연장근로는 법정근로시간을 초과하는 시간이지만, 단시간근로자의 연장근로는 소정근로시간을 초과하는 시간이며 1주 12시간을 초과하여 근로시킬 수 없다.

예컨대, 월요일부터 금요일까지 매일 6시간 근무하는 단시간근로자가 수요일에 8시간 근무한 경우에는 수요일 2시간 연장근로가 발생하고 이에 대해 1시간(=2h×50%)의 할증임금이 발생한다. 그리고 단시간근로자의 1주 소정근로시간은 30시간인 경우, 1주 최대 근무가능한 시간은 52시간이 아니라 42(=30+12)시간이다.

「근로기준법」은 단시간근로자의 연장근로시간을 엄격하게 보호하고 있다. 사용자는 단시간근로자를 소정근로일이 아닌 날에 근로시키거나 소정근로시간을 초과하여 근로시키고자 할 경우에는 근로계약서나 취업규칙 등에 그 내용 및 정도를 명시하여야 하며, 사용자는 근로자와 합의한 경우에만 연장근로를 시킬 수 있다.

(3) 주휴일

사용자는 1주 소정근로시간이 15시간 이상인 단시간근로자에게는 주휴일을 주어야 한다. 이때 주휴수당 해당 시간은 1일 소정근로시간이다.

(4) 연차유급휴가

사용자는 1년에 80% 이상 출근한 단시간근로자에게 15일의 유급휴가를 주어야 하고, 계속하여 근로한 기간이 1년 미만인 근로자 또는 1년간 80% 미만 출근한 근로자에게 1개월 개근 시 1일의 유급휴가를 주어야 한다. 이 경우 유급휴가는 다음의 방식으로 계산한다(1시간 미만은 1시간으로 본다).

$$\text{통상 근로자의 연차휴가일수} \times \frac{\text{단시간근로자의 소정근로시간}}{\text{통상 근로자의 소정근로시간}} \times 8\text{시간}$$

예컨대, 통상근로자가 1일 8시간, 1주 5일 근무하는 사업장의 단시간근로자가 1주 소정근로시간은 30시간(1일 6시간)이고 1년 개근한 경우의 연차유급휴가 시간은 90시간[=15일×(30/40)×8]이 나오는데, 이를 일로 환산하면 15일(=90÷6)이 된다.

단시간근로자의 연차휴가 사용은 통상근로자와 동일하게 소정근로일에 유급으로 사용한다. 상기 예에서 연차휴가 1일을 사용하면 8시간이 아니라 6시간이 소진되므로 연차휴가일수는 통상근로자와 동일하게 15일이 나온다.

(5) 산전후휴가 등

사용자는 여성인 단시간근로자에 대하여 생리휴가 및 90일의 산전후휴가를 부여해야 한다. 이때 생리휴가나 산전후휴가는 통상근로자의 근로시간에 비례하여 부여하는 것이 아니라 일 단위로 부여해야 한다. 산전후휴가 중 최초 60일은 유급으로 하고, 나머지 30일은 「고용보험법」에서 정한 바에 따라 산전후휴가 유급수당을 지급해야 한다.

그리고 초단시간근로자가 있다. 이들은 4주 동안(4주 미만으로 근로하는 경우에는 그 기간)을 평균하여 1주 소정근로시간이 15시간 미만인 근로자를 말한다. 이들에게는 주휴일, 연차유급휴가, 퇴직금 규정이 적용되지 않고, 4대 보험 중 산재보험을 제외하고 고용보험,

국민연금. 국민건강보험도 적용되지 아니한다.

단시간근로자의 주휴수당, 연차휴가 수당이나 퇴직금 계산 등을 위한 기준시간은 실근로시간이 아니라 소정근로시간임에 유의할 필요가 있다. 예컨대, 1주 소정근로시간이 14시간이지만 실근로시간이 16시간인 단시간근로자는 주휴수당, 연차유급휴가 수당 그리고 퇴직금 등의 적용대상자가 아니다. 이는 초단시간근로자이기 때문이다. 다만, 계속근로기간 중 일부는 15시간 이상, 일부는 15시간 미만으로 근무를 한 직원에 대한 행정해석은 다음과 같다.

1주 소정근로시간이 15시간 미만인 기간이 포함돼 있더라도 1년 전체의 평균 소정근로시간이 주 15시간 이상이고, 총 소정근로일에 대한 출근율이 80% 이상이라면 법 제60조 제1항에 따라 15일의 연차휴가를 부여함이 타당하다.[2]

재직기간 중 1주 15시간 이상 근로한 주만 계속 근로년수에 산입하여 이 합산기간이 1년 이상인 경우 해당기간에 대해 퇴직금을 정산해주어어 한다.[3] 다시 말하면 1주에 15시간 이상 근로한 주만 계산하여 52주 이상이 되면 퇴직금을 지급해야 한다.

---

2) 근로기준정책과-972, 2018. 2. 5.
3) 근로조건지도과-4378, 2008. 10. 9.

4 ▶ 노동조합 전임자의 근로시간 관리

🗨 노동조합 활동은 사용자의 지휘·감독에서 벗어난 활동이기 때문에 근로시간으로 보지 않는다. 그래서 노동조합 활동은 원칙적으로 휴게 시간이나 업무시간 이외의 시간에 해야 한다. 다만, 노동조합 활동도 단체협약이나 사용자의 승낙이 있으면 근로시간 중에 가능하다. 노조활동만 전담하는 노조 전임자의 활동도 근로시간에 해당하지 않으므로 사용자의 임금 지급 대상에서 제외된다. 만약 사용자가 노조 전임자에게 임금을 지급하게 되면 부당한 경비원조에 해당하여 부당노동행위가 된다. 하지만 이에 대한 예외가 근로시간면제제도이다.

본래 근로자들이 임금을 받기 위해서는 근로시간 동안 사용자의 지휘·감독 아래서 근로계약상의 근로를 제공해야 한다. 하지만, 「노조법」[4]에서는 일정한 조건하에서 노조활동을 하는 경우, 예외적으로 유급으로 그 시간 동안 근로의무를 면제해주고 있다. 이것이 근로시간면제제도이다. 유급으로 근로시간을 면제받는 제도나 활동에는 주휴 일, 유급휴일, 예비군 훈련 동원, 근무시간 중

---

4) 「노동조합 및 노동관계조정법」

건강검진 등이 있다. 즉, 근로시간면제제도란 본래 근무시간에 노동조합 활동을 하게 되면 무급이지만, 「노조법」에서 인정하고 있는 소정의 활동을 하는 경우에는 유급으로 근로시간을 면제해 주는 제도다. 따라서 근로시간면제자가 근로시간면제 한도 이내에서 면제 대상 업무를 수행하면, 단체협약 또는 사용자가 동의할 경우 임금의 손실 없이 해당업무를 근무시간 중에 할 수 있다.

이에 대해 「노조법」에서는 근로시간면제제도를 다음과 같이 규정하고 있다.

단체협약으로 정하거나 사용자가 동의하는 경우에는 사업 또는 사업장별로 조합원 수 등을 고려하여 제24조의2에 따라 결정된 근로시간 면제 한도(이하 '근로시간면제 한도'라 한다)를 초과하지 아니하는 범위에서 근로자는 임금의 손실 없이 사용자와의 협의·교섭, 고충처리, 산업안전 활동 등 이 법 또는 다른 법률에서 정하는 업무와 건전한 노사관계 발전을 위한 노동조합의 유지·관리업무를 할 수 있다.

따라서 근로시간면제제도가 성립하기 위해서는 다음의 3가지 요건을 충족해야 한다.

첫째, 근로시간면제제도는 단체협약으로 정하거나 사용자의 동의가 있어야 한다. 근로시간면제제도는 노동조합에 대하 편의제공의 한 형태이기 때문에 사용자가 단체협약 등을 통해서 동의하는 경우에 한하여 성립된다. 노동조합에 반드시 근로시간면제자를 두어야 하는 것은 아니며, 노조 조합비로 노조 전임자의 인건비를 지급하면서 운영할 수도 있다.

둘째, 근로시간면제제도는 근로시간면제 한도 이내에서 운영되어야 한다.

'시간한도'는 연간단위로 사용할 수 있는 최대시간이며 이는 조합원 규모별로 차이가 있으며, 99명 이하 조합원을 가지고 있는 사업장은 최대 2,000시간 이내에서 근로시간이 면제된다. 1일 단위의 면제 근로시간은 1일 소정근로시간(예: 8시간)이며, 이를 초과한 시간은 무급이 원칙이다. 다만, 교섭·협의시간 등이 1일 소정근로시간을 초과하여 계속되는 경우(예: 10시간), 초과시간(2시간)의 유급 여부는 노사가 자율적으로 정할 수 있지만, 유급으로 정할 경우에는 이러한 유급 면제시간을 총량에 포함하여 근로시간면제 한도를 설정 및 운영하여야 한다.

연간 시간한도 2,000시간의 근거

: 1일 8h, 1주 5일, 1년 52주, 약정휴일 연간 10일
  2,000=(8h×5일×52주)-(8h×10일)

그리고 전체 조합원 1,000명 이상인 사업장이 2개 이상의 광역자치단체에서 사업을 하는 경우, 광역자치단체 개수에 따라 근로시간면제 한도를 10~30%까지 할증 적용받게 된다.

한편, 근로시간면제자의 인원에도 한도가 있다. '인원한도'는 근

로시간면제자를 사용할 수 있는 인원한도로 풀다임과 파트타임의 인원 합계를 말하며, 인원한도를 초과해서 사용할 수 없다. 인원한도는 〈표 4-1〉처럼 조합원 수 300명 미만인 경우에는 풀타임 사용인원의 3배수를 초과할 수 없고, 조합원 수 300명 이상인 경우에는 풀타임 사용인원의 2배수를 초과할 수 없다.

〈표 4-1〉 근로시간면제 한도

조합원 규모	99명 이하	100~199	200~299	300~499	500~999	1,000~2,999	3,000~4,999	5,000~9,999	10,000~14,999	15,000~
시간 한도	2,000[1]	3,000	4,000	5,000	6,000	10,000	14,000	22,000	28,000	36,000
파트타임 사용가 능 인원	풀타임 사용인원의 3배 초과불가			풀타임 사용인원의 2배 초과불가						

1) 연간 2,000시간이면 1명 분량임. 따라서 파트타임 인원은 3명까지 활용가능

예를 들어 연간 소정근로시간이 2,000시간인 사업장(조합원 350명)에서 법정 면제한도는 5,000시간이나 노사가 시간한도를 4,500시간으로 정한 경우 사용 가능한 인원은 6명(4,500÷2,000=2.25→3명×2배=6명) 이내가 된다. 이 경우 다음과 같이 다양한 경우의 수가 나온다.[5]

① 풀타임 인원 2명(2,000h×2명), 파트타임 인원 1명(500h)
② 풀타임 인원 1명(2,000h×1명), 파트타임 인원 3명(1,000h 2명, 500h 1명)

---

5) 고용노동부, 근로시간 면제한도 적용 매뉴얼, 2013. 7.

③ 파트타임 인원 5명(1,000h 4명, 500h 1명)

셋째, 근로시간면제제도는 법에서 정한 소정의 활동을 대상으로 한다. 우선 사용자와의 협의·교섭, 고충처리, 산업안전 활동 등 「노조법」 또는 다른 법률에서 정하는 업무이어야 한다. 즉, 「노조법」상 단체교섭 업무, 「근참법」[6]상 노사협의회 업무 및 고충처리 업무, 「산안법」상 산업안전보건위원회 업무, 근로자대표로서 동의, 의견청취 업무, 사내근로복지기금협의회 위원 등으로 활동하는 업무 등이다.

또한, 건전한 노사관계 발전을 위한 노동조합의 유지·관리 업무여야 한다. 「노조법」 제2장 제3절의 노동조합 관리 업무(규약상 정기총회·대의원회, 임원선거, 회계감사) 그리고 그 밖의 생산성 향상 등을 위한 노사공동위원회, 사용자의 위탁 교육 등 기타 사업장 내 노사공동의 이해관계에 속하는 노동조합의 유지·관리 업무 등이 이에 해당한다.

근로시간면제자는 '임금의 손실 없이' 사용자와의 협의·교섭 등 근로시간면제대상 업무를 수행할 수 있다. 이때 '임금'은 해당 근로자가 정상적으로 근로를 하였다면 받을 수 있는 급여를 말하며, 급여지급기준은 사업(장)의 통상적인 급여지급기준을 토대로 노사가 자율적으로 정할 수 있다. 그러나 통상적으로 받을 수 있는 급여보다 과도한 기준을 설정·지급하는 것은 노동조합에 대한 경비

---

6) 「근로자참여및협력증진에관한 법률」

원조에 해당하므로 부당노동행위에 해당한다.

노동조합에서 근로시간 면제자를 풀타임 적용자만 활용할 때는 근로시간 관리의 필요성이 적으나 파트타임 적용자가 있으면 근로시간 관리의 필요성이 높아진다. 사용자는 면제시간을 누가 얼마만큼 사용했는지, 대상 업무에 맞게 사용했는지 등을 확인해야 그 활동시간을 유급으로 인정해 줄 수 있다. 「노조법」에서는 이러한 근로시간면제도의 근로시간 관리 방법에 대한 별도로 규정이 없으므로, 노사가 합리적인 방법을 정해서 운영하면 된다.

V

교대근무제의
설계

❝

교대제 방정식 'WHY'를 이용하면, 교대제 유형별 근로일이나 휴일 그리고 근로시간 등을 간편하게 계산할 수 있어 교대주기편성표를 쉽게 작성할 수 있다. 교대제 방정식 'WHY'는 교대 주기인 1Cycle 동안의 1개의 교대 조 또는 개인이 감당해야 하는 근로일 및 휴일 수와 근로시간을 나타낸다. 그래서 WHY 속에는 교대주기편성표에 필요한 근무일수와 휴일 수를 모두 포함하고 있다. 교대제 방정식 'WHY'를 알면 교대근무제 관리를 쉽게 할 수 있다.

- 본문 중에서

❞

1 〉 24시간 공장운영은 교대근무제 덕택

우리 주위를 관심 있게 둘러보면, 하루 24시간 동안 근무하는 곳이 많다. 가까이는 24시간 편의점이 그렇고, 병원이 그러하며, 울산에 있는 석유화학단지나 포항과 광양에 있는 철강공단도 그러하다. 왜 이런 곳에서는 24시간 근무를 하는 것일까? 인간이 온종일 근무하는 것이 가능할까? 그 답은 교대근무제에 있다.

기업에서 24시간 공장을 운영하는 이유는 제각각이지만, 그 방법은 모두 동일하다. 즉, 교대근무제를 이용하는 것이다. 인간은 육체적·정신적 한계로 인하여 24시간 내내 근무를 지속할 수는 없다. 그래서 근무시간을 늘리기 위하여 고안된 제도가 교대근무제도이다. 교대근무제도라 함은 동일한 업무를 기반으로 근로자들을 2개 조 이상으로 편성하여, 하루 근무 시간대를 둘 이상으로 나누어 근무 조를 배치하고, 이를 정기적으로 순환하는 제도이다.

우리나라 기업들이 운영하는 교대근무제도는 몇 가지 종류일까? 흔히 많이 사용하는 2조 격일제, 2조 2교대, 3조 2교대, 3조 3교대, 4조 2교대, 4조 3교대 등 6가지 유형만 있을까? 아니다. 교대근무제를 운영하는 기업체 수만큼 많다. 상기 6가지 유형은 주로 이용하는 표준모델이고, 기업들은 이 표준모델을 자신의 회사 특성에 맞게 다양하게 변형하여 활용하고 있기 때문이다.

〈그림 5-1〉 중소기업의 교대근무제 운용 및 유형 비율

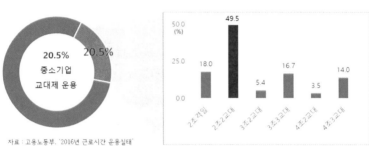

자료 : 고용노동부, '2016년 근로시간 운용실태'

고용노동부의 '2016년 근로시간 운용실태(〈그림 5-1〉 참조)'에 따르면, 중소기업의 교대근무제 운용률은 20.5%로 중소기업 5곳 중에서 1곳은 교대근무제를 운용하고 있다. 이 중에서 표준모델을 기준으로, 중소기업에서 가장 많이 활용하는 유형은 2조 2교대(49.56%)이고, 그다음이 2조 격일제와 3조 3교대, 4조 3교대, 3조 2교대, 4조 2교대 순이다. 교대근무제를 운영하는 중소기업 2곳 중 1곳은 2조 2교대 형태로 운영하는 셈이다.

교대제는 근무 조가 많을수록 근무시간이 줄어들고 휴일이 많아지므로 워라밸이 향상되고, 근무 조가 적을수록 근무시간은 늘어나고 휴일은 줄어든다. 예컨대, 4조 2교대의 사업장은 3조 2교대 사업장보다 근로자들의 근무시간은 적고 휴일은 많다. 우리나라 기업들이 2조 2교대를 많이 운용한다는 것은 근로자들이 휴일은 적고, 장시간 근로에 시달리고 있다는 의미이다.

또한, 동일한 근무 조에서는 교대 수가 적을수록 1일 근로시간이 길어지지만, 그만큼 휴일도 길어진다. 예를 들어, 4조 2교대와 4조 3교대를 비교해 보면, 〈표 5-1〉처럼 4조 2교대는 4조 3교대보다 1일 근무시간이 50% 긴 만큼 휴일도 50% 길다. 따라서 3교대제는 상대적으로 휴일 수가 적고 업무 연속성이 높은 반면에 2교대제는 1일 장시간 근로 이후의 휴일 수가 많아 워라밸은 높지만, 업무 연속성은 떨어진다. 사업장에서 2교대를 택할 것인지, 3교대를 택할 것인지는 업무 연속성, 워라밸, 기술수준, 구성원들의 선호도 등을 종합해서 결정해야 한다(〈그림 5-2〉 참조).

〈표 5-1〉 4조 2교대와 4조 3교대의 근무일 및 휴일 차이

구분	1일 근무시간(a)	1주 근무시간(b)	1주간 근무일 및 휴일 수	
			근무일(c=b/a)	휴일(d=7-c)
4조2교대	12	42	3.5	3.5
4조3교대	8	42	5.2	1.8

포스코 '4조 2교대' 중단…'4조 3교대' 돌아가나

앞서 포스코 포항·광양제철소는 2011년 10월에 20년 동안 이어왔던 4조 3교대를 4조 2교대로 전환했다. 하루 근무시간은 8시간에서 12시간으로 늘어나지만 휴무일이 80일 이상 늘어나는 큰 변화였다. 직원들은 여가나 학습에 투자할 시간이 많아지고 회사로서는 잦은 근무 교대로 인한 생산성 저하를 줄이는 장점이 있다는 평가를 받았다.

이런 4조 2교대를 중단하는 이유에 대해 포스코는 "나흘 동안 쉬면서 업무 연속성이 떨어지고, 직원들의 학습도 제대로 이뤄지지 않는데다 제철소 고유의 근무기강과 안전의식이 점차 약화된다는 우려가 나왔다"고 설명했다.

하지만 포스코 현장 직원들은 교대제 변경에 반대하는 여론이 높은 분위기다. 기존 4조 2교대에 대한 만족도가 높았기 때문이다. 휴가자가 있거나 갑작스럽게 결원이 발생해 대체근무를 한다 하더라도 휴무일이 많아 부담이 적다는 것이다.

* 출처 : 박현정, 한겨레, 2015. 5. 12.

2 ❯❯ 교대근무제 편성 방정식 'WHY'

1) 교대제 유형별 근무 및 휴일, 근로시간

교대근무제 편성 방정식 'WHY'를 이해하기 위해서는, 먼저 교대제별 근무일, 휴일 및 근로시간을 이해해야 한다. 최근 현대제철에서 4조 3교대에서 5조 3교대로 개편을 진행 중이라는 보도가 있었다. 이를 감안하면, 교대제의 표준모델은 〈표 5-2〉에서 보는 것과 같이 8가지 정도이다.

2조 2교대는 전체 직원을 2개 조로 편성하고, 하루에 교대 조를 모두 투입하는 제도이다. 즉, 1일 근무에 2개 조 모두 투입되므로 휴무 조는 없으며, 조별(또는 개인별) 1일 근무시간은 12시간이다. 만약 A, B조로 2조 2교대를 운영하는 사업장이 있다면, A조는 오전 7시부터 오후 7시까지 근무하게 되고, B조는 오후 7시부터 오전 7시까지 근무하는 제도이다. 따라서 각 조 또는 개인의 1일 근무시간은 12시간이다(휴게 시간 미고려).

3조 2교대는 전체 직원을 3개 조로 편성하고, 하루에 투입하는 교대 조가 2개인 제도이다. 1일 2개 조가 근무하고 1개 조는 휴무한다. 근무하는 조별(또는 개인별) 1일 근무시간은 12시간이다. 만약 A, B 및 C조로 3조 2교대를 운영하는 사업장이 있다면, A조는 오전 7시부터 오후 7시까지 근무하게 되고, B조는 오후 7시부터 오전 7시까지 근무하고, C조는 쉬게 된다. 이 사업장에서 매일 근무조를 순환시킨다면, 각 조는 3일이 지나면 모든 근무유형을 거치게 된다(1Cycle).

4조 3교대는 전체 직원을 4개조로 편성하고, 하루에 투입하는 근무 조는 3개이고 1개 조는 휴무를 한다. 근무하는 조별(또는 개인) 1일 근무시간은 8시간이다. 만약 A, B, C 및 D조로 4조 3교대를 운영하는 사업장이 있다면, A조는 오전 7시부터 오후 3시까지 근무하게 되고, B조는 오후 3시부터 오후 11시까지 근무하고, C조는 오후 11시부터 익일 오전 7시까지 근무하고, D조는 쉬게 된다. 이 사업장에서 매일 근무 조를 순환시킨다면, 각 조는 4일이 지나면 모든 근무유형을 거치게 된다.

3조 3교대 등 다른 유형의 교대근무제의 일별 근무 조와 휴일 조 및 근로시간은 〈표 5-2〉와 같다.

교대 유형	일별 근무조와 휴일조		근무시간(1일/조,인)	
	근무조의 수	휴일조의 수	근무 조	1Cycle*
2조1교대(맞교대, 격일근무)	1	1	24h	12h
2조2교대	2	-	12h	12h
3조2교대	2	1	12h	8h
3조3교대	3	-	8h	8h
4조2교대	2	2	12h	6h
4조3교대	3	1	8h	6h
5조2교대	2	3	12h	4.8h
5조3교대	3	2	8h	4.8h

2) 교대근무제 운영형태

교대근무제 유형은 조업시간이나 공장 가동일 등에 따라서 달라진다. 예를 들어, 포스코는 1일 24시간 1년 365일 내내 철을 생산하면서 4조 2교대제를 운영하고 있고, 현대자동차는 1일 16시간 25분, 1년 365일 내내 자동차를 생산하면서 주간연속 2교대제(2조 2교대)를 운영하고 있다. 반면에, 3조 3교대로 1일 24시간 조업하지만, 1주에 5일만 가동하여 전자제품이나 장갑을 만들어내는 사업장도 있다. 따라서 1주 52시간 체제에서 교대제 유형은 설비의 특성이나 가동일 등을 고려하여 결정해야 한다.

교대근무제 운영형태는 1일 기준으로 24시간을 가동하는지, 그리고 1주 기준으로 7일을 가동하는지 여부에 따라 〈그림 5-3〉처럼 전일·연속형, 비전일·연속형, 전일·불연속형, 비전일·불연속형

등 4가지 유형이 있다.

전일·연속형은 1일 24시간, 1주일 내내 가동하여 제품이나 서비스를 생산하는 사업장이다. 이러한 사업장은 철강이나 석유제품을 생산하는 공장이나 병원이 대표적이다.

비전일·연속형은 1일 가동시간은 24시간이 아닌 12시간 또는 16시간 등이긴 하지만, 1주일 내내 가동하는 사업장이다.

전일·불연속형은 1일 가동시간은 24시간이지만, 1주일에 5일 또는 6일간만 가동하는 사업장이다. 매주 월요일 휴무하면서 1주에 6일간 운영하는 24시간 목욕탕이 여기에 해당한다.

비전일·불연속형은 1일 가동시간도 24시간 미만이고 1주일 가동일도 5일 또는 6일인 사업장이다. 우리 주변의 피트니스 센터가 여기에 해당한다.

〈그림 5-3〉 교대근무제 운영형태

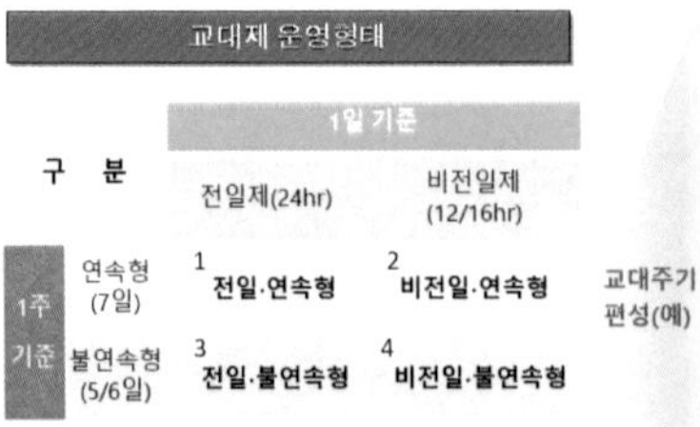

1 **전일·연속형** 24시간 조업, 조업중단일 없음.

구분	1일	2일	3일	4일	5일	6일	7일
A조	12h	12h	12h	12h	12h	12h	12h
B조	12h	12h	12h	12h	12h	12h	12h

2 **비전일·연속형** 24시간 미만 조업, 조업중단일 없음.

구분	1일	2일	3일	4일	5일	6일	7일
A조	8h	8h	8h	8h	8h	8h	8h
B조	8h	8h	8h	8h	8h	8h	8h

3 **전일·불연속형** 24시간 조업, 조업중단일 있음.

구분	1일	2일	3일	4일	5일	6일	7일
A조	12h	12h	12h	12h	12h		
B조	12h	12h	12h	12h	12h		

4 **비전일·불연속형** 24시간 미만 조업, 조업 중단일 있음.

구분	1일	2일	3일	4일	5일	6일	7일
A조	8h	8h	8h	8h	8h		
B조	8h	8h	8h	8h	8h		

3) 방정식 'WHY'의 구조

우리 「근로기준법」의 연장근로시간은 1주 또는 1일 단위로 선정한다. 탄력적 근로시간제를 도입하게 되면 연장근로시간을 1주 단위로 산정할 수 있다. 그래서 교대근무제를 운영하고 있는 사업장은 연장근로시간을 최소화하기 위하여 탄력적 근로시간제를 함께 운영하고 있다. 교대근무의 순환이 1주일 단위로 반복(1Cycle)되는 것이 아니기 때문에 1주 단위의 근로시간 계산이 여간 까다로운 게 아니다. 예컨대, 3조 2교대제의 1주간 근로시간을 산정하기 위해서는 최소 21일분(=3×7)의 근태자료가 필요하고, 4조 3교대제는 최소 28일분(=4×7)의 근태자료가 있어야 1주간의 근무시간을 정확히 계산할 수 있다.

<그림 5-4> 교대근무제 유형 및 교대주기편성표

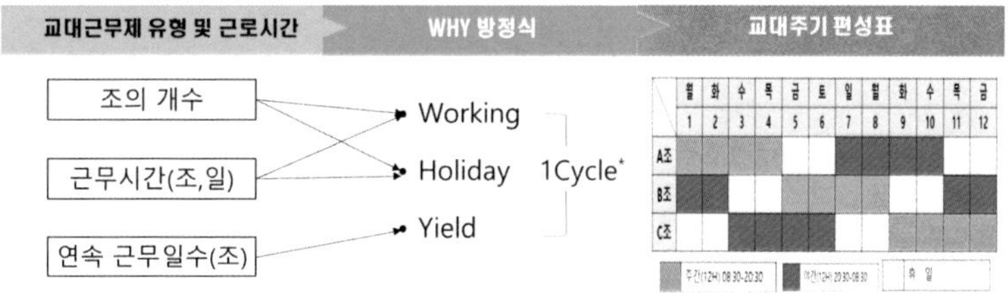

※ 1Cycle(교대주기)은 1근으로 근무한 근로자가 근무 순환하여 다시 1근으로 복귀하는 기간

하지만, 교대제 방정식 'WHY'를 이용하면, 교대제 유형별 근로일이나 휴일 그리고 근로시간 등을 간편하게 계산할 수 있어 교대주

기편성표를 쉽게 작성할 수 있다(<그림 5-4> 참조). 교대제 빙징식 'WHY'는 교대 주기인 1Cycle 동안의 1개의 교대 조 또는 개인이 감당해야 하는 근로일 및 휴일 수와 근로시간을 나타낸다. 그래서 WHY는 교대주기편성표에 필요한 근무일수와 휴일 수를 모두 포함하고 있다. 따라서 교대제 방정식 'WHY'를 알면 교대근무제 관리를 쉽게 할 수 있다.

WHY의 W는 Working, H는 Holiday 그리고 Y는 Yield의 머리글자를 의미한다. 이들이 특별한 의미를 가진다기보다는, 실무자들의 이해를 돕기 위해서 조작적으로 조어(造語)한 것이다.

1Cycle=WHY=(W+H)×Y

▷ W=Working(1일 근무조의 수)

▷ H=Holiday(1일 휴무조의 수)

▷ Y=Yield(연속 근무일 및 휴일의 수),

▷ WY=1Cycle에서 각 조의 근무일수

▷ HY=1Cycle에서 각 조의 휴일 수

예를 들어, 3조 2교대, 9일 주기형 근무체제로 설계하고자 할 때, 근무일과 휴일 수 그리고 1주 소정근로시간은 몇 시간일까? 3조 2교대에서 1일 근무 조는 2개(W), 휴무 조는 1개(H)이고 1C는 9일이다. 따라서 이를 WHY 방정식에 대입하면 다음과 같다(<그림 5-5> 참조).

9=(2+1)×Y이므로, Y=3이다.

WY=6, HY=3

즉, 교대주기(1Cycle) 9일 중에, 각 조의 근무일(WY)은 6일이고, 휴일(HY)은 3일이다.

1Cycle 동안의 근로시간은 72시간(=6일×12h)이 된다(휴게 시간 미고려).

이때 1주일간 근로시간은 '1Cycle=7일'을 대입하여 다음과 같이 계산하면 된다.

7=(2+1)×Y이므로, Y=2.33이다.

WY=4.66, HY=2.33

1주일 동안의 근로시간은 55.92시간(=4.66×12h)이 된다(휴게 시간 미고려).

〈그림 5-5〉 3조 2교대제/4조 2교대제 근로시간 산정(예시)

3조 2교대	1 Cycle	근무일 및 휴일 수	근로시간
			* 휴게시간 미고려
9일 주기	9=(2+1)Y	• Y = 3일 • WY(근무일) = 6일 • HY(휴일) = 3일	• 근로시간 = 6 X 12 =72h
1주일 근로시간	7=(2+1)Y	• Y = 2.33일 • WY(근무일) = 4.66일 • HY(휴일) = 2.33일	• 근로시간 = 4.66 X 12 =55.92h
4조 2교대 1주일 근로시간	7=(2+2)Y	• Y = 1.75일 • WY(근무일) = 3.5일 • HY(휴일) = 3.5일	• 근로시간 = 3.5 X 12 =42h

3 ▶ 교대근무제 유형별 근로일 및 근로시간 산정

1) 2조 2교대(전일·불연속형, 1일 24시간, 주5일 근무체제)

전일·불연속형 2조 2교대는, 2개 조가 월요일부터 금요일까지 각각 12시간씩 근무(24시간 가동)하고, 토요일과 일요일은 휴무하는 체제이다. WHY를 이용하여 1주일간 근로시간을 계산하면 다음과 같다. 이때 1Cycle=5이다.

5=(2+0)×Y, Y=2.5
WY=5, HY=O, 즉, 1주일간의 근로일은 5일이다.

1주일 근로시간은 60시간(=5일×12h)이나 〈그림 5-6〉처럼 휴게시간 1h를 부여하면, 1주 실근로시간은 55시간으로 1주 52시간을 초과하게 된다. 그래서 고용노동부에서는 2조 2교대는 「노동법」 위반소지가 있으므로 가급적이면 지양해야 한다고 안내하고 있다.

〈그림 5-6〉 2조 2교대제 전일·불연속형(주 5일 근무)

교대제 근무편성표

- 조를 2개로 나눔.
- 각 조가 1일을 12시간씩(휴게 1h 포함) 나누어 근무

구분	1일	2일	3일	4일	5일	6일	7일
A조							
B조							

| 주간 | 12시간(08~20) | 야간 | 12시간(20~08) | | 휴일 | |

1주 근로일 및 근로시간 산정

- 1일 11시간 근무 시, 1주 55h(=5일 * 11h)
- 근로기준법 위반

구분	근로일	구속시간		휴게시간		실근로시간		연장근로시간	
		1일	1주	1일	1주	1일	1주	1일	1주
A조	5	12	60	1	5	11	55	3	15
B조	5	12	60	1	5	11	55	3	15

고용노동부 "연장근로가 상태화(常態化)되어 법 위반 소지가 있으므로 가급적 지양되어야 함."

2) 3조 2교대(전일·연속형, 24시간 연중 가동체제)

전일·연속형 3조 2교대는 평일 2개 조가 각각 12시간씩 교대로 조업하고 1개 조는 쉬는 형태로, 연중 조업 중단 없이 가동하는 체제이다. WHY를 이용하여 1주일간 근로시간을 계산하면 다음과 같다.

7=(2+1)×Y, Y=2.33

WY=4.66, HY=2.33, 즉, 1주일간의 근로일은 4.66일이고, 휴일은 2.33일이다.

근로시간은 55.92시간(=4.66일×12h)이나 〈그림 5-7〉처럼 휴게 시간 1h를 부여하면, 1주 실근로시간은 51.26시간(=4.66일×11h)으로 1주 52시간 미만이므로 「근로기준법」을 위반하지 않게 된다. 하지만, 3조 2교대도 연장근로가 1주 12시간에 가까워 법 위반 소지가

있고 연장근로의 상태화 우러가 있다.

〈그림 5-7〉 3조 2교대제 전일·연속형(연중 가동체제)

| 교대제 근무편성표 |
| 3개의 조를 두어 근무형태를 2개로 나눔. |
| 1일 기준으로 2개조는 근무(각 12시간씩)하고 1개조는 휴무 |

구분	1일	2일	3일	4일	5일	6일	7일
A조							
B조							
C조							

| 주간 | 12시간(08~20) | 야간 | 12시간(20~08) | | 휴일 | |

| 1주 근로일 및 근로시간 산정 |
| WHY 적용---- **1주 평균 근로시간** 51.26h |
| 매일 단위 계산 |
| - 1주 5일 근무 시 -> 1주 55h 근로(연장근로 15h) |
| - 1주 4일 근무 시 -> 1주 44h 근로(연장근로 12h) |

구분	근로일	구속시간		휴게시간		실근로시간		연장근로시간	
		1일	1주	1일	1주	1일	1주	1일	1주
A조	5	12	60	1	5	11	55	3	15
B조	4	12	48	1	4	11	44	3	12
C조	5	12	60	1	5	11	55	3	15

고용노동부 *"연장근로가 상태화(常態化)되어 법 위반 소지가 있으므로 가급적 지양되어야 함."*

3조 2교대제 전일·연속형은 「근로기준법」 위반 소지가 있지만, 1주 5일 근무의 전일 비연속형(1일 24시간, 1주 5일 근무)은 「근로기준법」 위반 없이 적법하게 운영할 수 있다. 3조 2교대제(1주 5일 근무)의 1주 근로시간을 WHY를 이용하여 계산하면 다음과 같다.

WY=3.33, HY=1.67, 즉, 1주일간의 근로일은 3.33일이고 휴일은 1.67일(토, 일요일 포함 시 3.67일)이다.

1주일의 주당 근로시간은 39.96(=3.33일×11H)이 되어 1주 52시간 체제에 무리 없이 활용할 수 있다.

3) 3조 3교대(전일·불연속형, 1주 6일 가동체제)

3조 3교대의 전일·연속형은 1주에 쉬는 날이 없으므로 운영이 불가능하다. 3조 3교대제는 전일·불연속형, 즉 1주 5일이나 6일 체제만 운영 가능하다. 3조 3교대(1주 6일 가동)는 1주 6일간 3개 조가 각각 8시간씩 교대로 조업하고 일요일만 모두 쉰다. WHY를 이용하여 1주일간의 근로시간을 계산하면 다음과 같다.

$6=(3+0)\times Y, \ Y=6$

$WY=6$, 즉, 1주일간의 근로일은 6일이다.

근로시간은 48시간(=6일×8h)이나 〈그림 5-8〉처럼 휴게 시간 0.5h를 부여하면, 1주 실근로시간은 45시간(=6일×7.5h)으로 1주 52시간에 여유가 있다. 그래서 3조 3교대 연속형(1주 내내 가동)은 운영 불가능하지만, 불연속(1주 5일 또는 6일 가동)은 운영 가능하다. 하지만, 1주 40시간제에서 1주 6일을 근무한다는 것을 근로자가 쉽게 동의하지는 않을 것으로 보인다.

〈그림 5-8〉 3주 3교대 전일·불연속형(1주 6일 가동체제)

교대제 근무편성표

- 3개의 조를 두고, 3개조 모두 매일 근무
- 1일 각 조 8시간씩 근무하고, 매주 일요일 전체 휴무

구분	1일	2일	3일	4일	5일	6일	7일
A조							
B조							
C조							

1근	8시간(06~14)	2근	8시간(14~22)	3근	8시간(22~06)

1주 근로일 및 근로시간 산정

- 1일 7.5h 근무 시, *1주 근로시간 45h*

구분	근로일	구속시간		휴게시간		실근로시간		연장근로시간	
		1일	1주	1일	1주	1일	1주	1일	1주
A조	6	8	48	0.5	3	7.5	45	-	-
B조	6	8	48	0.5	3	7.5	45	-	-
C조	6	8	48	0.5	3	7.5	45	-	-

4) 4조 2교대(전일·연속형, 24시간 연중 가동체제)

전일·연속형 4조 2교대는 평일 2개 조가 각각 12시간씩 교대로 조업하고, 나머지 2개 조는 쉬는 형태로 연중 조업 중단 없이 가동하는 체제이다. WHY를 이용하여 1주일간 근로시간을 계산하면 다음과 같다.

$7=(2+2)×Y$, $Y=1.75$

$WY=3.5$. $HY=3.5$, 즉, 1주간의 근로일이 3.5일이고 휴일도 3.5일이다.

1주 근로시간은 42시간($=3.5$일$×12h$)이나 〈그림 5-9〉처럼 휴게 시간 1h를 부여하면, 1주 실근로시간은 38.5시간($=3.5$일$×11h$)으로 1주 40시간 체제에 적절한 근무제도이다.

〈그림 5-9〉 4조 2교대제 전일·연속형(연중 가동체제)

교대제 근무편성표

- 4개의 조를 두고, 근무형태는 2조로 나눔.
- 1일 기준으로 2개조는 근무(각 12시간씩)하고 2개조는 휴무

구분	1일	2일	3일	4일	5일	6일	7일	8일
A조								
B조								
C조								
D조								

주간	12시간(08~20)	야간	12시간(20~08)		휴일

1주 근로일 및 근로시간 산정

- 1일 11시간 근무 시, *1주 근로시간* *38.5h*
- 근로기준법 기준 준수

구분	근로일	구속시간		휴게시간		실근로시간		연장근로시간	
		1일	1주	1일	1주	1일	1주	1일	1주
A조	3.5	12	42	1	3.5	11		3	10.5
B조	3.5	12	42	1	3.5	11		3	10.5
C조	3.5	12	42	1	3.5	11		3	10.5
D조	3.5	12	42	1	3.5	11		3	10.5

5) 4조 3교대(전일·연속형, 24시간 연중 가동체제)

전일·연속형 4조 3교대는 평일 3개 조가 각각 8시간씩 교대로 조업하고, 나머지 1개 조는 쉬는 형태로 연중 조업 중단 없이 가동하는 체제이다. WHY를 이용하여 1주일간의 근로시간을 계산하면 다음과 같다.

$7=(3+1)\times Y$, $Y=1.75$

WY=5.25. HY=1.75, 즉, 1주간의 근로일은 5.25일이고, 휴일은 1.75일이다.

근로시간은 42시간(=5.25일×8h)이나 〈그림 5-10〉처럼 휴게 시간 0.5h를 부여하면, 1주 실근로시간은 39.4시간(=5.25일×7.5h)으로 1주 40시간 체제에 적절한 근무제도이다.

〈그림 5-10〉 4조 3교대제 전일·연속형(연중 가동체제)

교대제 근무편성표

- 4개조로 나누고, 근무형태는 3근무조로 나눔.
- 1일 기준으로 3개조는 근무(각 8시간씩)하고 1개조는 휴무

구분	1	2	3	4	5	6	7	8	9	10	11	12
A조												
B조												
C조												
D조												

1근	8시간(06~14)	2근	8시간(14~22)	3근	8시간(22~06)

1주 근로일 및 근로시간 산정

- WHY 적용....1주 평균 근로시간 39.4h
- 매일 단위 계산
  - 1주 6일 근무 시 -> 1주 45h 근무(연장근로 5h)
  - 1주 5일 근무 시 -> 1주 37.5h 근무

구분	근로일	구속시간		휴게시간		실근로시간		연장근로시간	
		1일	1주	1일	1주	1일	1주	1일	1주
A조	5.25	8	42	0.5	3	7.5	45	-	5
B조	5.25	8	42	0.5	2.63	7.5	37.5	-	-
C조	5.25	8	42	0.5	2.63	7.5	37.5	-	-
D조	5.25	8	42	0.5	2.63	7.5	37.5	-	-

6) 5조 3교대(전일·연속형, 24시간 연중 가동체제)

전일·연속형 5조 3교대는 평일 3개 조가 각각 8시간씩 교대로 조업하고, 나머지 2개 조는 쉬는 형태로 연중 조업 중단 없이 가동하는 체제이다. WHY를 이용하여 1주일간의 근로시간을 계산하면 다음과 같다.

7=(3+2)×Y, Y=1.4

WY=4.2. 즉, 1주일간의 근로일은 4.2일이다.

근로시간은 33.6시간(=4.2일×8h)이나 〈그림 5-11〉처럼 휴게 시간 0.5h를 부여하면, 1주 실근로시간은 31.5시간(=4.2일×7.5h)으로 워라밸이 우수한 근무제도이다.

〈그림 5-11〉 5조 3교대제 전일·연속형(연중 가동체제)

교대제 근무편성표

- 5개의 조를 두고, 근무형태는 3조로 나눔.
- 1일 기준으로 3개조는 근무(각 8시간씩)하고 2개조는 휴무

구분	1	2	3	4	5	6	7	8	9	10	11	12	13	14	15
A조															
B조															
C조															
D조															
E조															

1근	8시간(06~14)	2근	8시간(14~22)	3근	8시간(22~06)

1주 근로일 및 근로시간 산정

- WHY 적용····· 1주 평균 근로시간 31.5h
- 매일 단위 계산
  - 1주 5일 근무 시 : 1주 37.5h, 1주 4일 근무 시 : 1주 30.5h 근로
  - 1주 3일 근무 시 : 1주 22.5h 근무

구분	근로일	구속시간		휴게시간		실근로시간		연장근로시간	
		1일	1주	1일	1주	1일	1주	1일	1주
A조	4.2	8	33.6	0.5	2.5	7.5	37.5	-	-
B조	4.2	8	33.6	0.5	1.5	7.5	22.5	-	-
C조	4.2	8	33.6	0.5	2.5	7.5	37.5	-	-
D조	4.2	8	33.6	0.5	2	7.5	30	-	-
E조	4.2	8	33.6	0.5	2	7.5	30	-	-

이상에서 논의한 교대근무제 유형별 근로일, 휴일 및 근로시간을 종합하면 〈표 5-3〉과 같다.

〈표 5-3〉 교대근무제 유형별 근로일 및 근로시간 등 종합

구분	1일	1주				1년
	실근로시간	근로일 수	휴일 수	근무시간	연장근로	근로시간
2조 2교대(5일 근무)	11	5	2	55	15	2,860
3조 2교대	11	4.7	2	51.7	11.7	2,688
3조 3교대(6일 근무)	7.5/11	6	1	52	12	2,704
4조 2교대	11	3.5	3.5	38.5	-	2,002
4조 3교대	7.5	5.25	1.75	39.4	-	2,049
5조 3교대	7.5	4.2	2.8	31.5	-	1,638

1) 실근로시간에는 휴게시간(8시간 근로-0.5h, 12시간 근로-1h) 반영
2) 연장근로에는 탄력적 근로시간제 반영
3) 연간 근로시간에는 52주 반영

교대근무제 설계 및 교대 조 전환방법

1) 교대근무제 설계 프로세스

이상의 논의를 바탕으로 교대근무제의 설계는 〈그림 5-12〉에서 보는 것처럼 'WHY 확정→근무일을 shift(교대주기)에 배정 →1Cycle 내의 근무일 및 휴일 배치→교대근무 편성표 확정'의 순으로 진행된다.

〈그림 5-12〉 교대근무제 설계 Process

① Why 확정　　② Shift(교대주기) 배정　　③ 근무일 및 휴일 배치(1Cycle)　　④ 교대근무 편성표 확정

3조 2교대(1Cycle=12일)의 교대주기 편성표를 작성해보자.

(1) WHY 확정

$12=(2+1)×Y,\ Y=4$

$WY=8,\ HY=4$, 즉 1Cycle 동안의 근무일은 8일이고 휴일은 4일이다.

(2) 근무일을 shift에 배정

근무일 8일은 주간 shift에 4일, 야간 shift에 4일로 배정하면 된다.

(3) 근무일 및 휴일 배치

1Cycle 내에서 근무일 및 휴일 배치는 다양하게 할 수 있다. 근로자들의 업무 몰입도나 정신적 신체적 스트레스 등을 고려하고 근로자들의 의견을 수렴하여 최종적으로 결정한다.

- 1안: 4(주간)→2(휴일)→4(야간)→2(휴일)
- 2안: 4(주간)→4(야간)→4(휴일)
- 3안: 4(주간)→1(휴일)→4(야간)→3(휴일)
- 4안: 4(주간)→2(휴일)→4(야간)→1(휴일)→1(교육)

여기서 주의할 점은, 근무일과 휴일을 배치할 때, 휴일은 쪼개어 배치할 수 있으나, 근무일을 쪼개어 배치하면 에러(error)가 발생한다는 점이다. 다시 말해서, 주간 근무일 및 야간 근무일의 각각 4일은 1일과 3일 또는 2일과 2일 등으로 쪼개어 배치할 수 없으나, 휴일 4일은 1일과 3일 또는 2일과 2일 등으로 쪼개어 배치할 수 있다.

(4) 교대근무 편성표 확정

상기 1안을 기준으로 설계하면, 2개의 편성표가 작성된다. 하나는 순행(주간→야간) 기준이고 다른 하나는 역행(야간→주간) 기준이다. 순행 기준 편성표는 다음과 같다.

- A조: 주-주-주-주-휴-휴-야-야-야-야-휴-휴
- B조: 야-야-휴-휴-주-주-주-주-휴-휴-야-야
- C조: 휴-휴-야-야-야-야-휴-휴-주-주-주-주

〈표 5-4〉 교대주기 편성표(3조 2교대, 1Cycle=12일)

	월	화	수	목	금	토	일	월	화	수	목	금
	1	2	3	4	5	6	7	8	9	10	11	12
A조												
B조												
C조												

| 주간(12H) 08:30-20:30 | 야간(12H) 20:30-08:30 | 휴 일 |

이번에는 4조 3교대(1Cycle=12일)의 교대주기 편성표를 만들어보자.

(1) WHY 확정

12=(3+1)×Y, Y=3

WY=9, HY=3, 즉 1Cycle 동안의 근무일은 9일이고 휴일은 3일이다.

(2) 근무일을 shift에 배정

근무일 9일은 1근 3일, 2근 3일, 3근 3일로 배치한다.

(3) 근무일 및 휴일 배치

1Cycle 내에서 근무일 및 휴일 배치는 다양하게 할 수 있다.

- 1안: 1근(3일)→1일(휴일)→2근(3일)→1일(휴일)→3근(3일)→1일(휴일)
- 2안: 1근(1일), 2근(1일), 3근(1일)→1일(휴일)→1근(1일), 2근(1일), 3근
(1일)→1일(휴일)→1근(1일), 2근(1일), 3근(1일)→1일(휴일)
- 3안: 3근(3일)→2일(휴일)→1근(3일), 1근(3일)→2일(휴일)

(4) 교대근무 편성표 확정

상기 1안을 기준으로 설계하면, 2개의 편성표가 작성된다. 하나
는 순행(1근→2근→3근) 기준이고 다른 하나는 역행(3근→2근→1근)
기준이다. 순행 기준 편성표는 다음과 같다(<표 5-5> 참고).

- A조: 1근-1근-1근-휴-2근-2근-2근-휴-3근-3근-3근-휴
- B조: 휴-2근-2근-2근-휴-3근-3근-3근-휴-1근-1근-1근
- C조: 2근-휴-3근-3근-3근-휴-1근-1근-1근-휴-2근-2근
- D조: 3근-3근-휴-1근-1근-1근-휴-2근-2근-2근-휴-3근

<표 5-5> 교대근무 편성표 설계(예: 4조 3교대, 1Cycle=12일)

구분	1일	2일	3일	4일	5일	6일	7일	8일	9일	10일	11일	12일
A조									■	■	■	
B조						■	■	■				
C조			■	■	■							
D조	■	■										■

1근 : 06:00-14:00	2근 : 14:00-22:00	3근 : 20:00-06:00	휴일

이러한 4조 3교대(1Cycle=12일) 교대근무 편성표를 통하여 1개월 교대근무 캘린더를 만들어 보면 〈표 5-6〉처럼 작성할 수 있다.

〈표 5-6〉 교대근무 편성표(사례, 캘린더)

	1일	2일	3일	4일	5일	6일	7일	8일	9일	10일	11일	12일	13일	14일	15일	16일	17일	18일	19일	20일	21일	22일	23일	24일	25일	26일	27일	28일	29일	30일	31일	일수	실근로시간	비율	일급시간
	목	금	토	일	월	화	수	목	금	토	일	월	화	수	목	금	토	일	월	화	수	목	금	토	일	월	화	수	목	금	토				
소정근로일	0	0	0			0	0	0	0	0			0	0	0	0	0			0	0	0	0			0	0	0	0	0		22			
무급휴일					0							0							0						0							4			
유급휴일	3-1월						주휴일							주휴일								주휴일						주휴일				5			
근무/휴무																																31			
유급처리	0	0	0	0		0	0	0	0	0		0	0	0	0	0			0	0	0	0			0	0	0	0	0			23	184	100	184
연장근로					0															0												2	16	150%	24
야간근로				0	0	0	0	0																0	0	0	0	0				10	80	50%	40
휴일근로	0																															1	8	150%	12

1근(8h) : 06:00-14:00	2근(8h) 14:00-22:00	3근(8h) 20:00-06:00	휴식

2) 근로시간 단축에 따른 교대 조 전환방법

이제 근로가능 시간이 1주 68시간에서 52시간으로 단축되었다. 근로시간이 52시간을 초과하는 교대근무형태는 더 이상 운영할 수 없다. 그래서 〈표 5-3〉을 살펴보면, 1주 52시간 근로시간체제에서는 2조 교대제는 전환이 불가피하지만, 3조 교대제는 상태적 연장근로에 있으므로 워라밸 향상을 위하여 〈그림 5-13〉처럼 교대 조 전환이 필요하다.

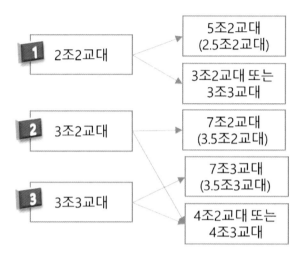

<그림 5-13> 교대제 전환 내용

2조 체제나 3조 체제가 자금 등 여유가 있으면, 3조 체제나 4조 체제로 바로 전환하는 것이 가장 바람직하다. 그렇지 않은 경우에는 그 중간 형태를 도입할 수 있다. 즉, 2조 체제는 5조 체제(2.5조)로 전환할 수 있다. 3조 체제는 엄격히 말하면 법률위반이 아니지만, 상태적 연장근로의 위험에 직면해 있으므로 부담을 최소화하면서 대응이 가능한 7조 체제로 전환하는 것도 하나의 방법이다.

(1) 2조 2교대→5조 2교대

2조 2교대 불연속형에 대한 대안으로 2조 2교대제의 변형인 5조 2교대를 생각해 볼 수 있다. 5조 2교대는 2조 2교대제의 2개 조를 각각 둘로 나누어 4개 조를 만들고 추가로 1개 조를 만들어 총 5개 조로 운영하는 체제이다. 이때 전체 인원의 증가 없이 조의 증가만 이루어지므로 변경 전의 각 조 인원이 3명 이상이 있어야 한다. 근무방식은 〈그림 5-14〉처럼 1일 2개 조가 한 팀을 이루어 2교대(1일 4개 조 근무)를 하고 나머지 1개 조는 쉰다(일명, '2.5조 2교대제'). WHY를 이용하여 1주일간 근로시간을 계산하면 다음과 같다.

5=(4+1)×Y, Y=1

WY=4, HY=1, 즉, 1주일간의 근로일은 4일이고, 휴일은 3일(=1+2)이다.

근로시간은 48시간(=4일×12h)이나 휴게 시간 1h를 부여하면, 1주 실근로시간은 44시간(=4일×11h)으로, 1주 52시간 미만이므로 「근로기준법」을 위반하지 않게 된다.

〈그림 5-14〉 5조 2교대(2.5조 2교대) 전일·불연속형(1주 5일 근무)

교대제 근무편성표

• 5개의 조를 두고 2개의 근무형태에 배치함.
• 1일 기준으로 4개조는 근무(각 12시간씩)하고 1개조는 휴무

구분	1일	2일	3일	4일	5일	6일	7일
A조							
B조							
C조							
D조							
E조							

| 주간 | 12시간(07-19) | 야간 | 12시간(19-07) | 휴일 | |

1주 근로일 및 근로시간 산정

• 1일 11시간 근무 시, 1주 44h(=4일 · 11h)

구분	근로일	구속시간		휴게시간		실근로 시간		연장근로 시간	
		1일	1주	1일	1주	1일	1주	1일	1주
각 조	4	12	48	1	4	11	44	3	12

(2) 3조 2교대→7조 2교대(3.5조 2교대)

3조 2교대의 상태적 연장근로에 대한 대안으로 3조 2교대제의 변형인 7조 2교대를 생각해 볼 수 있다. 7조 2교대는 3조 2교대제의 3개 조를 각각 둘로 나누어 6개 조를 만들고 추가로 1개 조를 만들어 총 7개 조로 운영하는 체제이다. 이때 전체 인원의 증가 없이 조의 증가만 이루어지므로 변경 전의 각 조 인원이 3명 이상이 있어야 한다. 근무방식은 1일 2개 조가 한 팀을 이루어 2교대(1일 4개 조)를 하고 나머지 3개 조는 쉰다(일명, '3.5조 2교대제'). WHY를 이용하여 1주일간 근로시간을 계산하면 다음과 같다.

$7=(4+3) \times Y$, $Y=1$

$WY=4$, $HY=3$. 즉, 1주일간의 근로일은 4일이고 휴일은 3일이다.

1주 근로시간은 48시간(=4일×12h)이나 휴게 시간 1h를 부여하면, 1주 실근로시간은 44시간(=4일×11h)이 된다. 이는 3조 2교대의 1주 51.7시간에 비하면, 상당히 양호하여 「근로기준법」 위반에서 자유로워진다. 〈그림 5-15〉에 의하면 1주 실근로시간이 44시간인데 연장근로시간은 12시간으로 산정되어 있다. 이는 연장근로를 1주일 단위 산정(4시간)로 산정하지 않고 1일 단위로 산정(12시간)한 결과이다. 그래서 탄력적 근로시간제를 도입하게 되면 1주 단위로만 산정하게 되고, 그러면 1주에 4시간(=44-40) 연장근로가 발생하게 된다.

〈그림 5-15〉 7조 2교대(3.5조 2교대) 진일·연속형

교대제 근무편성표	1주 근로일 및 근로시간 산정

- 7개의 조를 두고, 2개의 근무형태를 배치함.
- 1일 기준으로 4개조는 근무(각 12시간씩)하고 3개조는 휴무

구분	1	2	3	4	5	6	7
A조							
B조							
C조							
D조							
E조							
F조							
G조							

| 주간 | 12시간(07~19) | 야간 | 12시간(19~07) | 휴일 | |

- 1일 11시간 근무 시, 1주 44h(=4일 * 11h)

구분	근로일	구속시간		휴게시간		실근로시간		연장근로시간	
		1일	1주	1일	1주	1일	1주	1일	1주
각조	4	12	48	0.5	2	11	44	-	12

(3) 3조 3교대→7조 3교대(3.5조 3교대)

3조 3교대는 전일·연속형(365일 가동)에서는 주휴 확보가 되지 않으므로 적합하지 않다. 그래서 3조 3교대로 전일·연속형으로 운영하려면 교대제를 전환해야 한다. 교대제 전환방법은 3가지 정도로 생각해 볼 수 있다. 첫째, 조별 1주 5일 근무체제이다. 이는 1주일에 하루만 3조 3교대로 운영하고 나머지 6일은 3조 2교대제로 운영하는 방법이다. 둘째는 조별 1주 6일 근무체제이다. 〈그림 5-16〉처럼 1주일에 4일은 3조 3교대를 운영하고 나머지 3일은 3조 2교대로 운영하는 방법이다. 그러나 첫 번째, 두 번째 방법 모두 상태적 연장근로 상황에 빠지게 된다.

교대제 근무편성표							
• 3조 3교대로 4일, 3조 2교대로 2일 근무							
• 3교대 4일은 1일 8시간 근무, 2교대 3일은 1일 12시간씩 근무							
구분	1일	2일	3일	4일	5일	6일	7일
A조							
B조							
C조							

1근	8시간(06~14)	2근	8시간(14~22)	3근	8시간(22~06)
주간	12시간(08~20)	야간	12시간(20~08)		휴일

1주 근로일 및 근로시간 산정									
• 1일 7h/11h 근무 시, **1주 근로시간** 50h									
구분	근로일	구속시간		휴게시간		실근로시간		연장근로시간	
		1일	1주	1일	1주	1일	1주	1일	1주
A조	6	8/12	56	1	6	7/11	50	3	12
B조	6	8/12	56	1	6	7/11	50	3	12
C조	6	8/12	56	1	6	7/11	50	3	12

고용노동부 *"연장근로가 상태화되어 있어 휴가활용시 법 위반소지가 있고, 또한 연장근로를 하면서 주40시간제를 6일제로 운영하는 것에 근로자가 쉽게 동의하지 않아 연중무휴 가동에 활용이 곤란함."*

세 번째는 7조 3교대제(3.5조 3교대)를 운영하는 방법이다. 7조 3교대제는 3조 3교대제의 3개 조를 각각 둘로 나누어 6개조를 만들고 추가로 1개 조를 만들어 총 7개조로 운영하는 체제이다. 이때 전체 인원의 증가 없이 조의 증가만 이루어지므로 변경 전의 각 조 인원이 3명 이상이 있어야 한다. 근무방식은 1일 2개 조가 한 팀을 이루어 3교대(1일 6개조 근무)를 하고 나머지 1개 조는 쉰다(일명, '3.5조 3교대제'). WHY를 이용하여 1주일간 근로시간을 계산하면 다음과 같다.

7=(6+1)×Y, Y=1

WY= 6, HY=1. 즉, 1주일간의 근로일은 6일이고 휴무일은 1일이다.

근로시간은 48시간(=6일×8h)이나 〈그림 5-17〉처럼 휴게 시간 0.5h를 부여하면, 1주 실근로시간은 45시간(=6×7.5h)이므로 「근로기준법」을 위반하지 않게 된다.

<그림 5-17> 7조 3교대제(3.5조 3교대제) 전일·연속형(연중 가동체제)

교대제 근무편성표

- 7개의 조를 두고, 3개의 근무형태를 배치함.
- 1일 기준으로 6개조는 근무(각 8시간씩)하고 1개조는 휴무

구분	1	2	3	4	5	6	7
A조							
B조							
C조							
D조							
E조							
F조							
G조							

1근	8시간(06~14)	2근	8시간(14~22)	3근	8시간(22~06)

1주 근로일 및 근로시간 산정

- 1일 7.5시간 근무 시, 1주 45h(=6일 * 7.5h)

구분	근로일	구속시간		휴게시간		실근로시간		연장근로시간	
		1일	1주	1일	1주	1일	1주	1일	1주
각조	6	8	48	0.5	3	7.5	45	-	3

손에 잡히는 교대근무제와 유연근무제

5 ▶ 교대제도 전환에 따른 임금 등 관리 방안

1) 임금관리 방안

1주 52시간 체제에서 2조 교대제는 2.5조나 3조 또는 4조 체제로 변경해야 한다. 교대근무제를 변경하게 되면, 근로시간의 감소에 따라 〈표 5-7〉에서 보는 바와 임금 하락의 문제가 발생하는 동시에 교대 조 인원 증감의 문제도 발생한다.

2조 2교대에서 2.5조 2교대 또는 3조 2교대로 개편하게 되면, 근무 조가 늘어나므로 근로자의 근로시간이 감소한다. 이와 함께 임금도 감소하게 되는데, 컨설팅 사례에 따르면 2조 2교대에서 2.5조 2교대로 전환하면 7.3%의 임금이 감소하고, 3조 2교대로 전환하면 임금이 27%가 감소하게 된다(〈표 5-7〉 참조). 그래서 사업장에서는 합리적으로 2조 2교대에서 2.5조 2교대로 전환한다고 해도 7.3% 임금감소가 발생하게 되고, 이에 대한 임금 보전방안을 강구해야 한다.

이러한 임금 보전방안에는 시급인상, 보전수당 신설, 성과보상제도 강화 등의 방법이 있다. 일반적 기업체들이 많이 사용하는 방법

우 운영하기 편리한 보전수당을 신설히거나, 차제에 임금·평가세
도를 개선하여 성과급 제도를 도입하는 방법이다.

<표 5-7> 교대근무제 변경에 따른 임금 및 근로시간 감소율(컨설팅 사례)

구 분		As-is	To-be		
		2조 2교대	2.5조 2교대	3조 3교대	3조 2교대
임금공수 (월)	기본근로	209	209	209	149.8
	연장근로[1]	81	65.1	0	53.4
	야간근로[2]	36	28.2	29	23.4
	총 합계	326	302.3	238	226.6
	임금산정[3]	2,800,340	2,596,757	1,986,883	1,892,110
	임금하락률		7.3%↓	27%↓	30.5%↓

1) 연장근로는 1일 2.5시간, 2) 야간근로는 1일 6.5시간, 3) 임금산정의 단가는 최저임금(8,590)

출처 : 시앤피컨설팅 내부 자료

한편 교대 조 개편은 인원증가를 초래한다. 2조 2교대에서 2.5조 2
교대로 전환하려면 0.5개 조를 늘려야 하고, 3조 2교대로 전환하려
면 1개 조를 늘려야 한다. 0.5개 조를 늘린다는 것은 현재 수준에서
25%(또는 0%, 기존인력 활용)를 늘리는 것이고 1개 조를 늘리게 되면
50%의 인원이 늘어난다. 이때 조를 추가로 편성할 때, 조원의 수를
현재와 같이 유지하려면 인원을 채용해야 하고, 그렇지 않고 조원의
수를 합리화하여 조원 수를 감소하여 조 편성을 하면 인원 채용을
최소화할 수 있다.

컨설팅한 사업장에서는 3조 3교대(각 조 8명)에서 4조 3교대로 전
환하고자 했다. 이때 현재의 조원 수를 유지하려면 8명을 채용해
야 한다. 인원을 채용하지 않으려면 각 조의 조원을 6명으로 삭감
해야 한다. 그런데 노사협의 결과 그 가운데 방안인 조원을 7명으

로 하는 것으로 결정한 적이 있다.

교대제 개편할 때, 조원 수를 유지하는 방법은 직원들의 워라밸 향상을 가져오므로 근로자들의 수용성은 높지만, 인건비 부담이 크고, 반면에 조원 수를 줄이는 방법은 근로자들의 근로강도가 세어지므로 직원들의 반발이 예상된다. 그래서 사업장에서는 일반적으로 워라밸도 높이고 인건비 부담도 줄이는 중간 방안(컨설팅 사례 처럼)으로 결정한다.

2) 교대근무제의 적법성 판단

교대근무제를 운영하려면 검토할 사항이나 고려해야 할 사항이 많다. 하지만 우리 노동법에는 교대근무제도에 대한 언급은 「근로기준법」 제93조 제1호에 '교대 근로에 관한 사항'이라고 딱 한 구절만 언급되어 있다. 법률규정이 교대근무제의 복잡다기한 사항을 모두 담아내기 어려워서 그렇다기보다는, 법적으로 교대근무제라고 해서 특별히 다를 것이 없다는 것으로 해석된다.

따라서 교대근무제도를 도입하더라도 「근로기준법」의 근로조건을 그대로 적용해야 한다. 즉, 1주일에 1회 이상 주휴일을 부여하고, 법정근로시간을 지켜야 하며, 연장근로시간도 1주 12시간을 초과할 수 없으며, 근로시간 4시간에 30분 이상, 8시간에 1시간 이상의 휴게 시간을 부여해야 한다.

　다만, 2조 2교대에서 3조 2교대로 개편하게 되면, 근로시간은 줄고 여가는 늘어나 임금감소가 일어난다. 즉, 근로조건이 악화되어 취업규칙의 불이익한 변경의 규정을 적용해야 하므로, 근로자들의 동의를 받아서 시행해야 한다.

〈**그림 5-18**〉 적법성 판단 고려사항 및 노사합의서(예시)

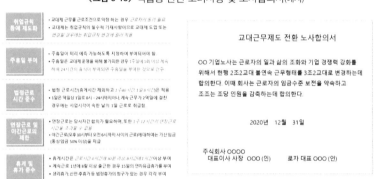

유연근무제의
설계

우리 기업들도 근로시간 단축을 계기로 유연근무제의 긍정적인 성과에 눈을 돌려야 한다. 더 이상 직장과 업무를 우선시하여 가정의 희생이나 개인의 욕구를 무시하는 조직문화로는 우수 인재 확보나 유지가 곤란하며 조직은 경쟁력을 기대할 수 없다. 이제 기업의 발전과 성장은 행복한 일터를 기반으로 하기에, 이를 위한 유연근무제는 매우 유용한 제도이다.

- 본문 중에서

1 ▶ 유연근무제는 세계적 트렌드!

국내 취업포털 사이트의 조사에 따르면, 국내기업 인사담당자들은 2020년 HR 분야에서 가장 주목을 받은 핫이슈로 '주 52시간 근무제의 확산으로 근로시간이 단축된 것'을 꼽았다.[1] 그리고 근로시간 단축에 대응하고 직원들의 업무 몰입과 워라밸 향상방안으로써 유연근무제도의 확산을 네 번째로 선정했다. 4차 산업혁명의 진전, 서비스 산업의 확대 등 산업구조의 변화와 기술혁신, 근로자들의 직종과 근로 형태의 다양화 등으로 유연근무제도에 대한 요구는 꾸준히 증가하고 있다.

유연근무제는 근무시간이나 근무일 또는 근무 장소를 유연하게 운영하는 제도이다. 사업장 입장에서는 업무량에 따라 근로시간을 효율적으로 배분할 수 있고, 근로자의 입장에서는 개인의 일정에 따라 근로시간의 조정이 가능하기 때문에 유연근무제는 사업장과 근로자 모두에게 관심이 높은 제도이다. 유연근무제는 업무집중과 효율성을 가져오고, 생산성의 향상, 인재확보, 이직률 감소 등 많은 장

---

1) NEWSIS, 올해 HR 분야 핫이슈 1위는?… '주 52시간 근무제 근로시간 단축', 2019. 12. 30.

점으로 인해 그 활용이 세계적인 추세이다(〈그림 6-1〉 참조).

〈그림 6-1〉 국가별 유연근무제 활용 현황과 활성화 전망

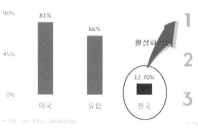

사업장에서 활용할 수 있는 유연근무제는 다양하다. 사업장은 유연근무제를 〈그림 6-2〉에서 보는 바와 같이 그 목적에 따라 선택하여 활용할 수 있다. 24시간 연속근무나 성수기·비수기가 있는 사업장에서는 탄력적 근로시간제를 활용할 수 있고, 자녀 등하교 지원이나 역량개발 시간이 필요한 경우에는 선택적 근로시간제와 시차출퇴근제를 이용할 수 있다. 또한, 업무성질상 근로시간 산정이 곤란한 경우에는 재량근로시간제를 활용할 수 있고, 출장 등으로 사업장 밖에서 근무가 이루어지는 경우에는 간주근로시간제를 이용하면 된다. 그리고 근무장소를 유연하게 할 필요가 있을 때는 원격이나 재택근무제를 활용할 수 있다.

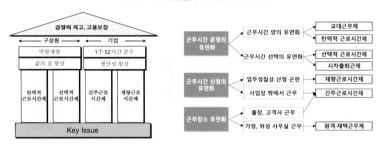

<그림 6-2> 유연근무제의 Framework

그러나 유연근무제의 다양한 장점에도 불구하고 우리 기업들의 활용도는 저조하다. 이는 대기업 중심의 기업구조로 계열사 간 업무협조 곤란이나 사업장 내 단결 저해 및 임금 하락이나 관리감독 상의 어려움 등의 사유에 기인한다. 그 결과 우리 기업의 유연근무제 활용도는 <그림 6-1>에서 보는 바와 같이 미국이나 유럽 15~20% 수준이다. 하지만, 근로시간 단축이나 임금 상승에 대한 대안, 스마트 기기의 활성화, 젊은 인재들의 워라밸의 요구 등으로 인해서 앞으로 점차 활성화될 전망이다.

유연근무제 도입 회사들의 성과는 다양하게 보고되고 있다.[2] 여행 전문 회사인 하나투어는 시차출퇴근제와 재택근무제를 도입한 결과 직원들의 이직률이 감소하고, 여직원의 고용증가가 이루어지고 있고, 신한은행은 시차출퇴근제와 원격근무제 및 재택근무제를 시행한 결과, 육아휴직 이후 퇴직 비율이 50% 수준으로 감소하고

---

2) 고용노동부, '유연근무제 우리 기업은 어떻게 운영할까요', 2016.

있다고 한다. 또한 ㈜아모레퍼시픽도 시차출퇴근제와 현장출퇴근제를 시행한 결과, 사내 눈치 보기 해소 등 조직문화 개선효과가 있는 것으로 나타났다. 특히 전 세계 최고의 소셜 엔터테인먼트 플랫폼을 운영하는 하이퍼커넥트에서는 유연근무제 등의 기업 문화로 설립 5년 만에 50배 이상의 매출 성장을 달성했다.

> "하이퍼커넥트에선 퇴근할 때 서로 인사도 안 합니다. 하지 말라고 해요.
> 출근 시간이 다 제각각이라서요. 방해가 됩니다."[3]

우리 기업들도 근로시간 단축을 계기로 유연근무제의 긍정적인 성과에 눈을 돌려야 한다. 더 이상 직장과 업무를 우선시하여 가정의 희생이나 개인의 욕구를 무시하는 조직문화로는 우수 인재 확보나 유지가 곤란하며 조직은 경쟁력을 기대할 수 없다. 이제 기업의 발전과 성장은 행복한 일터를 기반으로 하기에, 이를 위한 유연근무제는 매우 유용한 제도이다.

---

3) 『조선일보』, "퇴근 때 인사하지 마세요, 어차피 일 잘한 거 다 알아요.", 2019. 11. 1.

2 ➤ 탄력적 근로시간제의 설계

1) 의의

컨설팅을 수행한 인천에 소재한 공기청정기 제조업체는 황사가 심한 봄철이나 미세먼지가 많은 겨울철에 일손이 부족한 반면, 여름에는 거의 일손을 놓고 있는 사업장이었다. 그렇다고 겨울철과 여름철에 직원들을 사용하고 여름철에 해고했다가 다시 겨울철에 채용하여 공장을 가동할 수는 없었다. 그래서 3개월 단위 탄력적 근로시간제를 설계하여 겨울과 봄에 연장근로를 하고, 대신 가을과 여름에 휴식을 취하도록 하여 문제를 해결한 적이 있다.

탄력적 근로시간제라 함은 일정 단위 기간을 평균하여 1주간 근로시간이 법정 근로시간(1주 40시간)을 초과하지 않는 범위 내에서 특정일 또는 특정주의 근로시간을 법정근로시간(1주 40시간)을 초과하여 근무할 수 있도록 하는 제도이다. 탄력적 근로시간제하에서는 40시간을 초과하여 근무하여도 연장근로수당이 발생하지 않는다.

예컨대, 〈그림 6-3〉처럼 1주 42시간을 근무한 근로자에 대해, 탄력적 근로시간제를 도입하지 않는 사업장은 1일 근로시간을 따져 연장근로와 휴업수당을 지급해야 하지만, 탄력적 근로시간제를 도입하게 되면 단위 기간 평균 1주 40시간을 초과하지 않는 이상 1일 및 1주 근로시간이 법정근로시간을 초과하더라도 연장근로수당 지급의무가 발생하지 않는다. 탄력적 근로시간제의 단위 기간에는 '2주 이내'와 '3개월 이내'가 있다.

〈**그림 6-3**〉 일반 근무제와 탄력적 근로시간제의 비교

2) 연장근로시간과 최장근로시간

탄력적 근로시간제를 도입하면, 장시간 일하는 주와 단시간 일하

는 주를 평균하여 40시간이면 장시간 일한 주에 대한 연장근로수당을 지급하지 않아도 된다. 장시간 일하는 주와 단시간 일하는 주를 평균하여 40시간을 만드는 조합은 다양하다. 예컨대, 1주에 50시간 근로했다면, 다른 주에 30시간, 또는 45시간과 35시간, 47시간과 33시간 등 많은 조합이 나온다.

「근로기준법」에서는 이렇게 사업장에서 마음대로 근로시간을 조합하도록 놔두지 않고 있다. 「근로기준법」은 사업장에서 탄력적 근로시간제를 도입할 때 근로자들의 과로 방지를 위하여 1주 최장 근로 가능시간을 규제하고 있다. 2주 단위 탄력적 근로시간제의 최대 근로 가능시간의 조합은 1주 최장 48시간과 32시간이고, 3개월 단위에서는 52시간과 28시간이다.

그런데 여기에 연장근로시간을 포함하면 상황이 좀 복잡해진다. 만약, 2주 단위 탄력적 근로시간제를 도입한 사업장에서 한 주 60시간, 다른 주에 20시간을 근로하여 1주 평균을 40시간으로 맞춘 경우, 법정근로시간 초과분 20시간(=60-40)에 대해서는 연장근로수당을 지급하지 않아도 되는 것일까? 그렇지 않다. 장시간 근로한 주의 60시간은 제한 시간 48시간보다 12시간을 초과했으므로 12시간분의 연장근로수당을 지급해야 한다. 짧게 일한 주는 오히려 8.4시간분[=(32-20)×70%]의 휴업수당을 지급해야 한다. 왜냐하면, 2주 단위 탄력적 근로시간제의 최장 근로시간 조합이 48과 32시간이기 때문이다.

탄력적 근로시간제를 도입하면, 1주간의 법정근로시간이 변경된다. 2주 단위 탄력적 근로시간제에서 한 주에 48시간, 다른 주에 32시간 근로한다고 정했으면, 이것이 법정근로시간 역할을 한다. 그래서 이 시간을 초과하여 근로하게 되면 연장근로가 된다. 3개월 단위 탄력적 근로시간제에서도 1주에 52시간, 다른 주에 28시간으로 근로한다고 정했으면, 이것이 법정근로시간이 되고 이 시간을 초과하여 근로하게 되면 연장근로가 된다.

예를 들어, 〈그림 6-4〉의 '2주 단위'에서 첫째 주에 32시간, 둘째 주에 48시간 근로하기로 정하고 첫째 주에 40시간 근로했다면 연장근로는 8시간(=40-32)이 되고, 이 주의 최장 근로가능시간은 44시간(=32+12)이 된다. 즉, 최장 근로가능시간은 첫째 주의 실근로시간인 40시간에 12시간을 더하는 것이 아니라 법정근로시간 32시간에 12시간을 더하는 것이다. 둘째 주에는 48시간이 법정근로시간이 되기 때문에 48시간 근무를 하더라도 연장근로수당이 발생하지 않는다. 둘째 주의 최장 근로가능시간은 60시간(=48+12)이 된다.

또한, 〈그림 6-4〉의 '3월 단위'에서 1주에 28시간, 2주에 30시간, 12주에 52시간 근로하기로 정했다. 그런데 1주에 32시간 동안 실근로를 했다면 4시간(=32-28)이 연장근로가 되고, 최장근로시간은 40시간(=28+12)이 된다. 2주의 법정근로시간은 30시간이 되고, 실제

42시간 근로했다면 연장근로는 12시간(=42-30)이 되며 최장 근로가능시간은 42시간(=30+12)이 된다. 12주의 법정근로시간은 52시간이 되고 실제 56시간을 근로했다면 연장근로시간은 4시간(=56-52)이 되고, 최장 근로가능시간은 64시간(=52+12)이 된다.

〈**그림 6-4**〉 연장근로시간 및 최장근로시간(1주간)

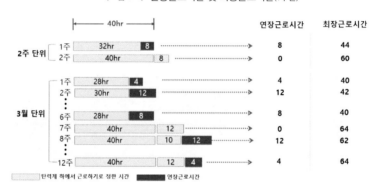

3) 실시 요건

우리 「근로기준법」에서는 2주 이내 탄력적 근로시간제와 3개월 이내 탄력적 근로시간제의 도입 요건 등을 달리하고 있다.

2주 이내 탄력적 근로시간제를 도입하기 위해서는 취업규칙에 그 내용을 규정해야 한다. 다만, 취업규칙이 없는 10인 미만 사업장에서는 노사합의서 등으로 정하면 된다. 「근로기준법」에 2주 이내 기간에 대한 근로일별 근로시간을 정하라는 규정은 없으나 근로자가 자신의 근로를 미리 예상할 수 있도록 근로일별 근로시간을 정하는 것이 바람직하다. 특정 주의 근로시간은 48시간을 초과할 수 없다. 다만, 연장근로를 감안하면 특정 주에 60시간(=48+12)까지 가능하다. 탄력적 근로시간제의 유효기간을 명시할 의무는 없으나, 그 기간을 명확히 하여 논란이 없도록 하는 것이 바람직하다.

3개월 이내 탄력적 근로시간제를 운영하기 위해, 사용자와 근로자대표는 아래 내용을 포함하여 서면으로 작성하고 서명·날인하여야 한다.

① 대상근로자 범위이다. 반드시 전체 근로자를 대상으로 하는 것은 아니며, 일정 사업 부문, 업종, 직종별로도 적용이 가능하다.
② 단위 기간이다. 1일 근로시간과 1주 근로시간의 평균을 내는 단위 기간을 3개월 이내로 정하여야 한다(예: 1개월, 3개월 등).
③ 근로일별 근로시간이다. 근로자가 자신의 근로를 미리 예상할 수 있도록 근로일 및 당해 근로일별 근로시간을 명확히 정하여야 한다.
④ 유효기간이다. 서면 합의의 유효기간을 명확히 정하여야 하며, 그 유효기간의 길이(3개월, 6개월, 1년 등)에 대해서는 특별

한 제한이 없다.

특정한 주의 근로시간은 52시간을, 특정일의 근로시간은 12시간을 초과할 수 없다. 다만, 연장근로를 감안하면 특정 주의 근로는 64시간(=52+12)까지 가능하다.

4) 설계 방법

사업장에 방문하면 살펴보면, 장시간 근로 형태는 통상 2가지 유형으로 구분된다. 연간 장시간 근로가 항상 발생하는 사업장과 성수기의 특정시점에만 발생하는 사업장이 그것이다. 전자의 대표적인 사업장이 전자부품 사업이나 조선업종 등이고 후자의 대표적인 사업장이 냉·난방기 생산업체나 빙과류 제조업체 등이다.

이러한 장시간 근로 형태에 따라 탄력적 근로시간제의 설계 방법도 차이가 난다. 성수기·비수기 구별 없이 늘 연장근로가 발생하는 사업장의 주된 관심사는 연장근로시간을 법정기준에 맞추는 것이다. 즉, 1주 연장근로시간을 12시간 이내로 설계하는 것이다. 이런 사업장에는 〈그림 6-5〉처럼 1주 12시간을 초과하는 연장근로시간을 소정근로시간 등과 조정하여 1주 12시간 이내가 되도록 설계한다. 그래서 이러한 설계유형을 '조정형'이라 칭한다. 이러한 조정형 설계 프로세스는 '실근로시간 검토→정상 근로시간 조정→연장근로시간 검토→정상 근로시간 확정'의 순으로 진행된다.

〈그림 6-5〉 설계 유형(예시)

조정형	월	8월	9월	10월		월	8월	9월	10월
	정상근로	40h	40h	40h		정상근로	48h	42h	30h
	연장/휴일	20h	14h	2h		연장/휴일	12h	12h	12h
	계	60h	54h	42h		계	60h	54h	42h

설계 이전 / 설계 이후

배치형	월	1월	2월	3월		월	1월	2월	3월
	정상근로	40h	40h	40h		정상근로	20h	48h	52h
	연장/휴일	-	8h	12h		연장/휴일	-	-	-
	계	40h	48h	52h		계	20h	48h	52h
	비고	비수기	중간단계	성수기		비고	비수기에 휴무 부여		

한편, 성수기·비수기의 구별이 있고 연간 근로시간의 편차가 심한 사업장의 주된 관심사는 연장근로를 최소화하는 것이다. 이런 사업장에는 〈그림 6-5〉처럼 장시간 근로시간과 휴무기간을 전략적으로 배치하여 연장근로시간을 최소화한다. 이런 설계 유형을 '배치형'이라 칭한다. 이러한 배치형 설계 프로세스는 '총 정상 근로시간 산정→성수기에 최대 근로시간 배치→비수기의 정상 근로시간 산정→비수기의 정상 근로시간 배치' 순으로 진행한다. 자세한 설계 내용은 다음 장에서 살펴보자.

5) 탄력적 근로시간제 설계

탄력적 근로시간제의 설계는 〈그림 6-6〉처럼 '1단계: 근로시간 특성분석→2단계: 유형 선택→3단계: 제도 설계→4단계: 임금 보전 방안 및 노사합의 사항 마련'의 순으로 진행한다.

〈그림 6-6〉 탄력적 근로시간제 설계 프로세스

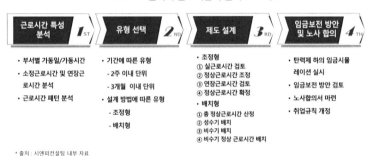

* 출처 : 시앤피컨설팅 내부 자료

(1) 1단계: 근로시간 특성분석

탄력적 근로시간제 설계의 첫 단계는 부서별 월평균 근로시간(1주 단위)을 분석하는 것이다. 이를 통해 근로시간의 현황, 「근로기준법」 위반어부, 조정 가능성 또는 인력채용 여부 등을 확인할 수 있다. 그리고 부서별 연간 근로시간의 패턴을 분석해야 3개월 등 일정단위를 합리적으로 선택할 수 있고, 2주 단위 또는 3개월 단위 등 탄력제의 유형도 결정할 수 있다.

<그림 6-7> 사례에서 A 부서는 11월을 제외하면, 탄력적 근로시간제 도입에 지장이 없다. 11월에는 근로시간 단축을 위해 노력해야 한다. 그리고 3개월 단위 패턴은 3월~5월, 6월~8월, 9월~11월, 12월~2월로 설정하여 운영하는 것이 합리적임을 알 수 있다. 물론 이러한 근무패턴이 내년에도 똑같이 일어난다는 보장은 없지만, 현재로서는 가장 합리적인 선택이고 이후에 맞지 않으면 다시 조정하면 된다.

<그림 6-7> 부서별 월별 근로시간 특성 분석(사례)

부서별 월 평균 근로시간 분석

	구분	1월	2월	3월	4월	5월	6월	7월	8월	9월	10월	11월	12월
A	정상	35.3	29.4	36.9	37.7	36.1	35.4	35.2	33.6	31.5	35.6	38.3	35.7
	연장/특근	15.9	16.5	14.8	13.5	14.7	18.9	11.7	12.9	11.6	14.6	16.0	19.2
	소계	48.6	42.7	49.6	49.2	48.5	51.4	44.4	44.0	39.9	48.0	53.2	51.5
B	구분	1월	2월	3월	4월	5월	6월	7월	8월	9월	10월	11월	12월
	정상	35.1	29.0	36.8	36.7	36.7	36.8	38.5	35.2	33.2	37.1	37.1	35.9
	연장/특근	22.7	19.3	16.9	20.7	12.6	20.0	12.0	16.0	16.7	20.7	20.4	26.6
	소계	55.4	45.3	49.9	53.2	45.0	52.9	46.4	47.2	47.2	54.6	56.4	59.7

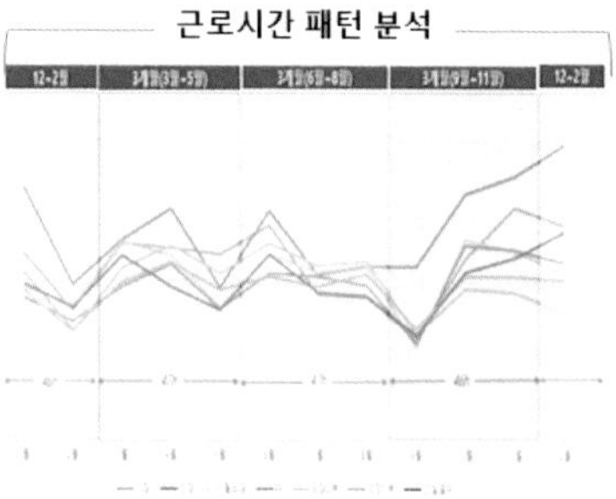

(2) 2단계: 유형 선택

이 단계에서는 사업장에서 운영하고자 하는 탄력적 근로시간제의 유형을 선택해야 한다. 탄력적 근로시간제 유형에는 2가지 종류가 있다. 하나는 기간에 따른 유형으로 2주 이내 탄력적 근로시간제와 3개월 이내 탄력적 근로시간제가 있고, 다른 하나는 설계 방법에 따라 조정형과 배치형이 있다.

① 기간에 따른 유형 선택

탄력적 근로시간제를 2주 단위로 할 것인지, 1개월 단위로 할 것인지 아니면 3개월 단위로 할 것인지는 사업장의 업무 특성이나 실근로시간 등을 감안하여 법정근로시간을 준수하면서 연장근로시간을 최소화하는 방향으로 결정하면 된다.

2주 이내 탄력적 근로시간제가 가지는 장점은 취업규칙 개정만으로 운영 가능하고 또한 근로일별 근로시간을 산정하지 않아도 된다는 점이라고 생각할 수 있다. 하지만 실무적으로 보면, 탄력적 근로시간제는 근로자에게 불리한 제도이기 때문에 취업규칙의 개정에 근로자 과반수의 동의가 필요하고, 이는 근로자 대표와 서면 합의만큼이나 쉽지 않다. 또한, 「근로기준법」에서는 2주 단위 탄력적 근로시간제의 도입 요건으로 근로일별 근로시간을 규정하고 있지는 않지만, 고용노동부에서는 근로일별 근로시간을 정할 것으로 가이드[4]하고 있고, 취업규칙에 업무의 시작과 종료시각을 명시하도록 하는 점을 감안하면 근로일별 근로시간을 정해야[5] 법률적 리스크로부터 자유로울 수 있다.

따라서 2주 이내 탄력적 근로시간제의 도입 요건은 실무적으

---

4) 고용노동부, 『유연근로시간제 가이드』, 2019. 8. p.17.
5) 하갑래, 『근로기준법』, 2019.

로 3개월 이내 탄력적 근로시간제 도입 요건과 큰 차이가 없다. 그렇다면 사업장에서는 탄력적 근로시간제를 2주 단위로 도입하여 매번 연기하기보다는, 3개월 이내 탄력적 근로시간제를 도입하여 활용하는 것이 무방하다.

② 설계 방법에 따른 유형 선택

설계 방법에 따른 유형은 앞서 살펴본 대로 조정형과 배치형이 있다. 연간 연장근로가 늘 발생하는 사업장은 조정형으로, 성수기·비수기 구별이 있는 사업장은 배치형으로 설계하는 것이 바람직하다는 것을 이미 앞에서 살펴보았다.

〈그림 6-8〉은 조선업종의 탄력적 근로시간제 컨설팅 사례이다. 조선업은 선박의 진수라는 한정된 기간을 가지고 업무를 추진하다 보니 연장근로가 늘 발생하고 있다. 그러다 보니 3개월 단위와 조정형으로 탄력적 근로시간제를 설계했다.

〈그림 6-8〉 탄력적 근로시간제 유형선택(사례)

손에 잡히는 교대근무제와 유연근무제

(3) 3단계: 제도 설계

근로시간 특성분석과 탄력적 근로시간의 유형을 선택했다면, 이제는 탄력적 근로시간제를 설계할 차례이다. 제도 설계 프로세스는 앞서 살펴본 대로 조정형이냐, 배치형이냐에 따라 차이가 있다.

① 조정형(3개월 단위 탄력적 근로시간제)

3개월 단위 탄력적 근로시간제의 조정형 설계는 '■ 실근로시간 검토→■ 정상 근로시간 조정→■ 연장근로시간 검토→■ 정상 근로시간 확정'의 순으로 진행된다. 이를 〈그림 6-9〉의 사례를 통해 살펴보자.

■ 대상기간의 실근로시간을 검토한다. 실근로시간이 1주 평균 52시간 이내여야 탄력적 근로시간제 도입이 가능하다. 만약 1주 평균 근로시간이 52시간을 초과하면, 인력채용을 하든지, 워크 다이어트(Work Diet)로 근로시간을 축소한 후에 탄력적 근로시간제 도입을 추진해야 한다.

〈그림 6-9〉의 월평균 근로시간(1주간)은 46.5시간이므로 탄력적 근로시간제를 설계하는 데는 문제가 없다. 설계 전 자료를 보면 실근로시간과 연장근로시간이 맞지 않는 것처럼 보인다. 4월의 실근로가 42.9시간이면 연장근로는 2.9시간(=42.9-40)이 되어야 하는데 9.1시간으로 되어 있다. 이것은 주중에 유급휴일이나 연차휴가를

다녀오면 실근로시간은 줄어들지만 연장근로시간은 일 딘위로 계산(탄력적 근로시간제 적용 전)하기 때문이다. 1주 근로시간의 크기와 무관하다. 예컨대, 5월 1일 근로자의 날이 주중에 있는 주에 근로자가 매일 10시간씩 근로를 하면 1주 실근로시간은 40시간(=10×4)이지만, 연장근로시간은 8시간(=2×4)이 발생하는 것과 같은 이치이다.

■ 정상 근로시간을 조정한다. 우선 정상 근로시간을 40h로 조정하는 것으로 설계를 시작한다. 사례에서는 설계 후의 정상근로(b)에 40시간으로 조정한다.

■ 연장근로시간을 검토한다. 실근로시간에서 정상 근로시간을 뺀 나머지 시간은 연장근로시간에 배치한다.

사례에서 5월의 실근로시간 58시간에서 정상 근로시간 40시간을 빼면 연장근로시간(c)이 18시간이 나온다. 이는 「근로기준법」 위반이므로 조정해야 한다.

■ 정상 근로시간을 확정한다. 정상 근로시간 확정은 연장근로시간과 정상 근로시간을 상호 조정하는 과정이다.

사례에서 5월의 연장근로시간(c)을 12시간(18→12)으로 조정하고 나머지 6시간을 정상 근로시간(b)에 더한다. 그러면 정상 근로시간(b)은 46시간(40→46)이 되어, 정상 근로시간이 평균 40시간을 초과하게 되므로 정상 근로시간을 평균 40시간으로 조정해야 한다. 정상 근로시간 조정은, 단위 기간 내(사례의 3~5월)의 근로시간이 적은 달인 4월의 정상 근로시간을 34시간(40→34)으로 줄이면 정상 근로시간은 평균 40시간으로 조정된다. 그러면 이번에는 4월의 줄어든 6시간을 4월의 연장근로(c)에 더하여 9시간(3→9)으로 조정한다. 이렇게 조정하면 12시간을 초과하던 연장근로시간은 모두 12시간 이내로 조정되고, 정상 근로시간도 월별로는 들쑥날쑥하지만, 단위 기간 평균은 40시간이다. 또한, 전체적으로 설계 전의 실근로시간은 변함이 없으면서 정상 근로시간과 연장근로시간의 조정이 끝난다.

〈그림 6-9〉 탄력적 근로시간제 설계 사례(3개월 단위, 조정형)

설계 전

구분	4월	5월	6월	7월	8월	9월	10월	평균
실근로시간	42.9	58.1	50.5	40.6	48.7	34.5	51.6	46.5
연장근로시간	9.1	12.2	11.6	7.8	7.2	5.7	7.6	8.7

설계 후 (근로시간은 편의상 반올림 조치)

구분	4월	5월	6월	7월	8월	9월	10월	평균
실근로시간(a)	43	58	51	41	49	35	52	47
정상근로(b)	34	46	40	40	40	35	45	40
연장근로(c=a-b)	9	12	11	1	9	0	7	7

* 출처 : 시앤피컨설팅 내부 자료

② 조정형(2주 단위 단위 탄력적 근로시간제)

이번 사례는 1일 14시간 근무하는 격일제 교대 사업장이 특례
업종에서 취소된 사례다. 이제 이 사업장은 1주 12시간 연장근
로 위반으로, 〈그림 6-10〉과 같이 2주 단위 탄력적 근로시간
제를 도입하여 이에 대응하려고 한다.

먼저 실근로시간을 검토해보니, 이 사업장의 2주 총 근로시간
은 98시간으로 104시간(=52×2) 이내이므로 탄력적 근로시간
제 설계가 가능하다. 그런데 정상 근로시간은 문제가 없으나
연장근로시간이 법정기준(12시간)을 초과하고 있다

그래서 2주 단위 탄력적 근로시간제의 1주 최대치 근로시간 조합
(48-32)으로 정상 근로시간을 조정한다. 그러면 실근로시간에서 정
상 근로시간을 뺀 값이 연장근로시간이 된다. 예컨대, 설계 전의 1
주 월요일에는 정상 근로 8시간, 연장근로 6시간, 실근로 14시간이
었다. 설계 후에는 정상 근로가 12시간(=48÷4)이 되므로 연장근로
는 2시간(=14-12)이 된다. 이와 같은 과정을 월요일부터 일요일까지
밟으면 조정이 완료된다.

〈그림 6-10〉에서 보는 것처럼, 평균 연장근로시간이 1주 21시간
에서 9시간으로 줄어들게 되어 법령 위반에서 벗어나게 된다. 이와
같은 결과는, 탄력적 근로시간제를 도입하게 되면 법정근로시간(정

상 근로시간)을 유연하게 운영할 수 있기 때문이다.

〈그림 6-10〉 탄력적 근로시간제 설계 사례(2주 단위, 조정형)

설계 전

구분		월	화	수	목	금	토	일	합계
1주	정상	8		8		8		8	32
	연장	6		6		6		6	24
	실근로	14		14		14		14	56
2주	정상		8		8		8		24
	연장		6		6		6		18
	실근로		14		14		14		42

총 근로시간: 98h

설계 후

구분		월	화	수	목	금	토	일	합계
1주	정상	12		12		12		12	48
	연장	2		2		2		2	8
	실근로	14		14		14		14	56
2주	정상		11		11		10		32
	연장		3		3		4		10
	실근로		14		14		14		42

③ 배치형(3개월 단위 탄력적 근로시간제)

3개월 단위 탄력적 근로시간제의 배치형 설계는 '■ 총 정상 근로시간 산정→■ 성수기에 최대 근로시간 배치→■ 비수기의 정상 근로시간 산정→■ 비수기의 정상 근로시간 배치' 순으로 진행된다. 이를 〈그림 6-11〉의 사례로 설계해 보자.

■ 총 정상 근로시간을 산정한다. 성수기와 비수기의 근로시간을 배치하기 위해서는 단위 기간 내의 총 정상 근로시간을 산정해야 한다. 3개월 단위 탄력적 근로시간제의 총 정상 근로시간은 520시간(=40×13)이다. 2주 단위 탄력적 근로시간제이면 총 정상 근로시간은 80시간(=2주×40)이다.

■ 성수기에 최대 근로시간을 배치한다. 우선 성수기를 확정하고, 여기에 최대 근로시간을 배치한다.

사례의 사업장은 7월부터 8월까지가 성수기라서 9주 동안 최대 근로시간인 52시간을 배치한다. 그러면 성수기의 정상 근로시간은 468시간(=9×52)이 된다.

■ 비수기의 정상 근로시간을 산정한다. 비수기는 단위 기간에서 성수기를 제외한 시간이므로, 비수기의 정상 근로시간은 총 정상 근로시간에서 성수기의 근로시간을 공제한 시간이다. 사례에서 비수기는 4주(=13주-9주)이고, 정상 근로시간은 52시간(=520-468)이다.

■ 비수기에 정상 근로시간을 배치한다. 비수기의 각 주별로 정상 근로시간을 배치하는 방법은 다양하다. 그중에서 회사 여건을 고려하여 전략적으로 선택하면 된다.

사례에서, 비수기는 4주이고 그 정상 근로시간이 52시간이라면, 비수기 주별로 정상 근로시간을 배치하는 방법은 〈그림 6-11〉에서 보는 바와 같이 최소 3가지 이상이 도출된다. 그중에서 1안을 선택하여 배치하면 〈그림 6-11〉처럼 설계된다.

〈그림 6-11〉 탄력적 근로시간제 설계 사례(3개월 단위, 배치형)

총 정상근로시간 산정
[a = 520(=40×13주)]

정산시간 근로 주 확정
(b=7~ 8월(=9주)

잔여 주 정산근로시간
(c=a-b)→ 52=520-468

잔여 주 근로시간 배치

구분	1주	2주	3주	4주	소계
1인	13	13	13	13	52
2인	-	-	17	35	52
3인	-	-	-	52	52

배치 완료

설계 전

구 분		월	화	수	목	금	토	일	총계	비고
6월	1~4주	8	8	8	8	8	휴무	주휴	40	09:00~18:00
7월	5~8주	11	11	11	11	8	휴무	주휴	52	09:00~18:00
7/8월	9~13주	11	11	11	11	8	휴무	주휴	52	09:00~18:00

설계 후

구 분		월	화	수	목	금	토	일	총계	비고
6월	1~4주	3	3	3	4	-	휴무	주휴	13	09:00~13:00
7월	5~8주	11	11	11	11	8	휴무	주휴	52	09:00~19:00
7/8월	9~13주	11	11	11	11	8	휴무	주휴	52	09:00~19:00

이상에서 살펴보았듯이, 조정형 설계와 배치형 설계를 비교하면 조정형이 훨씬 복잡하고 까다롭게 느껴진다. 배치형은 성수기와 비수기의 예측이 가능하여 사전 설계를 할 수 있지만, 조정형은 근로시간의 사전 예측이 어려워서 정확한 사전 설계가 곤란하기 때문이다. 그래서 조정형은 다년간 자료를 가지고 예측하여 설계해야 하고 그럼에도 오차가 발생할 수밖에 없다. 그래서 조정형 설계는 어렵게 보인다.

실제, 조정형의 설계는 그렇게 복잡하지도, 어렵지도 않다. 왜냐하면, 조정형 설계가 정상 근로시간(1일 8시간) 중심으로 이루어지기 때문이다(표 〈6-1〉 참조). 다만, 조정형의 운영은 설계보다 조금 복잡하고 어려울 수 있다. 부서장들은 조정형으로 설계된 개인별 1주 근로시간을 유지하기 위하여 근로자들 사이의 시간 격차를 최소화(평준화)해야 하기 때문이다.

　탄력적 근로시간제 도입을 통한 근로자 간 근로시간 평준화의 사례가 〈표 6-1〉이다. 조선업에 종사하는 사업장으로 연간 연장근로시간이 발생하여 연간 평균 1주 근로시간이 51.5시간이었으나 3개월 단위 탄력적 근로시간제 설계를 통하여 근로자들 간에 근로시간을 평준화한 결과이다. 그 결과 1주 평균 근로시간이 51.5시간임에도 불구하고 1일 정상 근로시간은 6~9시간 수준으로 운영된다.

〈표 6-1〉 주별 일별 근로시간(설계 사례)

구분	1월					2월				3월				4월				5월					6월			
	1	2	3	4	5	1	2	3	4	1	2	3	4	1	2	3	4	1	2	3	4	5	1	2	3	4
정상	43	43	43	43	43	33	33	33	33	40	40	40	40	41	41	41	41	39	39	39	39	39	41	41	41	41
월	9	9	9	9	9	7	7	7	7	8	8	8	8	9	9	9	9	8	8	8	8	8	9	9	9	9
화	9	9	9	9	9	7	7	7	7	8	8	8	8	9	9	9	9	8	8	8	8	8	8	8	8	8
수	9	9	9	9	9	7	7	7	7	8	8	8	8	8	8	8	8	8	8	8	8	8	8	8	8	8
목	8	8	8	8	8	6	6	6	6	8	8	8	8	8	8	8	8	8	8	8	8	8	8	8	8	8
금	8	8	8	8	8	6	6	6	6	8	8	8	8	8	8	8	8	7	7	7	7	7	8	8	8	8
토	휴무	휴무	휴무	휴무	휴무	휴무	휴무	휴무	휴무	휴무	휴무	휴무	휴무	휴무	휴무	휴무	휴무	휴무	휴무	휴무	휴무	휴무	휴무	휴무	휴무	휴무
일	주휴	주휴	주휴	주휴	주휴	주휴	주휴	주휴	주휴	주휴	주휴	주휴	주휴	주휴	주휴	주휴	주휴	주휴	주휴	주휴	주휴	주휴	주휴	주휴	주휴	주휴

* 출처: 시원피컨설팅 내부 자료

　탄력적 근로시간제의 조정형 설계는 매월 사후적으로 이루어지는 것이 아니다. 조정형의 설계는 과거의 자료를 바탕으로 미래의 주별 일별 근로시간을 사전에 확정하는 것이다. 그래서 탄력적 근로시간제를 운영하다 보면 계획과 실제 간의 오차가 발생하게 된다. 실근로시간이 많이 발생하는 경우, 휴일이나 휴가를 부여하거나 타 직원과의 근로시간 평준화를 도모해야 한다. 그래서 실근로시간이 1주 52시간을 초과하지 않도록 해야 한다.

탄력적 근로시간제의 사전에 결정된 근로일별 근로시간은 사업장의 업무여건에 따라 임의로 변경할 수 없다. 만약 변경을 해야 한다면 근로자 대표와 다시 서면 합의를 거쳐야 하고 그 변경은 최초 서면 합의한 단위 기간 내에서만 가능하다.[6]

(4) 4단계: 임금 보전 방안 및 노사합의

탄력적 근로시간제를 도입하게 되면 연장근로시간이 줄어들기 때문에 임금이 줄어들 수밖에 없다. 임금축소 정도는 조정형보다 배치형이 크다. 조정형은 실근로시간의 큰 변화가 없이 근로시간의 조정이 이루어지는 반면에 배치형은 비수기의 정상 근로시간이 대폭 축소된다.

그래서 「근로기준법」에서는 사용자에게 탄력적 근로시간제를 도입하는 경우, 기존의 임금수준이 낮아지지 않도록 임금 보전 방안을 강구하도록 하고 있다. 고용노동부의 의견은 임금 보전의 방법·시기·절차에 대한 특별한 제한이 없으며, 기본금 또는 수당의 조정, 소정근로시간 단축 등 근로자가 수용할 수 있는 방법이면 가능하다고 하고 있다. 이에 따른 별도의 행정적 재제는 없다.

---

6)   고용노동부, 『유연근로시간제 가이드』, 2019. 8. p.36.

3개월 단위 탄력적 근로시간제는 2주 단위와 달리, 대상근로자, 단력적 근로시간제의 적용 단위 기간, 근로일별 근로시간, 유효기간 등을 정하여 근로자 대표와 서면 합의를 해야 한다(<표 6-2> 참조).

<표 6-2> 탄력적 근로시간제 노사합의서

주식회사 ○○ 대표이사 와 근로자대표는 3할 단위 탄력적 근로시간제에 관하여 다음과 같이 합의한다.

제1조(목적) 이 합의서는 3할 단위 탄력적 근로시간제를 실시하는데 필요한 사항을 정하는 것을 목적으로 한다.
제2조(적용대상자) 이 합의서의 내용은 전체 생산직 근로자에 적용한다.
제3조(단위기간) 이 합의서의 단위기간은 매분기 초일부터 매분기 말일 까지로 한다.
제4조(근로시간) 3할 단위 탄력적 근로시간제 단위기간에 있어서 1일의 근로 시간, 조업시간, 종업시간 및 휴게시간은 다음과 같다.

구분	1일 근로시간	시업시간	종업시간	휴게시간
1월/4월/7월/10월	7시간(월~금)	9:00	17:00	12:00~13:00
2월/5월/5월/11월	8시간(월~금)	9:00	18:00	12:00~13:00
3월/6월/9월/12월	9시간(월~금)	9:00	19:00	12:00~13:00

제5조(휴일) 단위기간 중 주 2일(토 . 일요일)은 휴무하되, 휴일은 일요일로 한다.
제6조(적용제외) 연소근로자(15세 이상 18세 미만)와 임신 중인 여성근로자 에게는 본 합의를 적용하지 아니한다.
제7조(연장근로 가산임금) 근로일별 근로하기로 정한 시간을 초과한 경우 통상임금의 50%를 가산임금으로 지급한다.
제8조(연장 . 야간 . 휴일근로) 연장 . 야간 . 휴일근로에 대해서는 근로기준법 제56조 및 취업규칙 제○○조에 따라 가산하여 지급한다.
제9조(유효기간) 이 합의서의 유효기간은 ○○○○년 ○월 ○일부터 1년으로 한다.

년   월   일

㈜○○ 대표이사 (인)   근로자대표   (인)

3 ❭ 선택적 근로시간제의 설계[7]

1) 의의

요즘 시국을 보면 "지금 우리 사회는 갑작스럽게 발생한 코로나 바이러스와 전쟁을 치르고 있다. 그 최전선에는 마스크 제조업체들이 있고, 이들 업체의 근로자들은 시중의 마스크 수요에 대응하기 위해 밤낮없이 일하고 있다. 이들 사업장의 근로자들이 하루 20시간씩 2주간 일시적·집중적으로 근로하여 충분한 마스크를 공급한 덕택에 우리나라는 코로나 바이러스에 감염자를 최소화할 수 있었다."라는 뉴스가 있을 법하다. 「근로기준법」에는 뉴스 속의 마스크 제조업체들처럼 단기간의 장시간 근무를 법령 위반으로 보지 않을 뿐만 아니라 연장근로수당 지급의무까지 면하게 해주는 제도가 있다. 그것은 바로 선택적 근로시간제이다.

선택적 근로시간제라 함은 일정기간(1개월 이내)의 단위로 정해진 총 근로시간의 범위 내에서 업무의 시작 및 종료시각 또는 1일의

---

7) 고용노동부, 『유연근로시간제 가이드』, 2019. 8.을 참고하여 작성함.

근로시간을 근로자가 지율적으로 결정할 수 있는 제도이다. 즉, 근로자가 1주 40시간, 1일 8시간의 근로시간에 구애받지 않고, 자신의 선택에 따라 자유롭게 근로할 수 있는 제도이다. 그래서 어떤 주·어떤 날은 장시간 근로하고, 다른 주·다른 날을 그만큼 휴무하게 하여 1주 평균 40시간을 초과하지 않으면 장시간 근로에 대해 연장근로수당의 지급 대상으로 보지 않는다.

「근로기준법」에서는 선택적 근로시간제의 대상 업무를 한정하고 있지 않다. 따라서 대상 업무가 한정되어 있는 재량근로시간제보다 자유롭게 활용할 수 있다. 특히, 근로일이나 근로시간대에 따라 업무량 편차가 발생하는 소프트웨어 개발, 사무관리(금융거래·행정처리 등), 연구, 디자인, 설계 업무 등에서 활용하면 유용하다. 또한 출퇴근 등에 엄격한 제한을 받지 않는 관리·감독업무 종사자, 근로의 양보다 질이 중시되는 전문직 종사자도 활용가능하다.

선택적 근로시간제와 탄력적 근로시간제는 1주 40시간을 초과하여도 연장근로수당을 지급할 필요가 없다는 점에서는 유사하다. 하지만 두 제도에는 많은 차이가 있다. 특히 가장 큰 차이점은 <그림 6-12>에서 보이는 것처럼 탄력적 근로시간제는 1주 최장 64시간까지만 가능하나 선택적 근로시간제는 제한이 없다는 점이다. 기타 정상기간, 관리 방법 등에서도 차이가 있다.

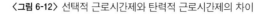

<그림 6-12> 선택적 근로시간제와 탄력적 근로시간제의 차이

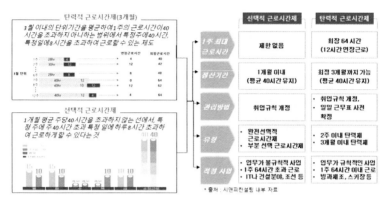

그리고 선택적 근로시간제는 현재 우리 기업들이 많이 사용하는 자유출퇴근제도나 시차출퇴근제와도 차이가 있다. 자율출퇴근제는 출근시간이 일단 정해지면 퇴근 시간 이 자동으로 결정되므로 출근시각만 근로자의 재량에 맡기는 제도임에 반해, 선택적 근로시간제는 출근시간과 퇴근 시간 모두를 근로자의 재량에 맡기는 제도이다. 또한 시차출퇴근제는 주 5일, 1일 8시간, 주당 40시간 근무를 준수하면서 고정된 출근 및 퇴근 시각을 몇 개 옵션(예: 08:30~17:30, 09:30~18:30 등)에서 선택하여 근무하게 하는 제도이지만, 선택적 근로시간제는 의무적 시간대를 제외하고는 본인의 선택에 따라 출퇴근하는 제도이다.

2) 도입 요건

(1) 취업규칙 등에 근거규정 마련

선택적 근로시간제는 근로자의 자유로운 시간 관리가 전제되므로 시업과 종업시각에 대하여 근로자의 자주적 결정이 가능해야 한다. 따라서 취업규칙(이에 준하는 것 포함)상에 시업 및 종업시각을 근로자의 결정에 위임할 것을 내용으로 하는 명시적 규정을 두어야 한다.

그와 같이 규정함으로써 근로자는 자신의 시업 시각과 종업시각을 자주적으로 결정할 수 있는 권리를 갖게 되고, 사용자는 해당 근로자에 대하여 각주 또는 각일의 근로시간을 지정하여 업무명령을 할 수 없음을 명백히 하게 된다.[8]

(2) 근로자 대표와 서면 합의

선택적 근로시간제를 도입하려면 다음의 사항에 대하여 근로자 대표와 서면 합의를 하여야 한다.

① 대상근로자 범위

대상근로자의 범위는 반드시 전체 근로자를 대상으로 하는

---

8) 박웅, 『주5일근무제와 근로시간·휴일·휴가』, ㈜중앙경제, 2004.

손에 잡히는 교대근무제와 유연근무제

것은 아니며, 일정 사업 부문, 업종, 직종별로도 적용이 가능한 등 사업장의 필요에 따라 적절히 정할 수 있다. 다만, 15세 이상 18세 미만 근로자를 제외한다.

② 정산 기간 및 총 근로시간

정산 기간은 1개월 이내에서 2주, 4주 등으로 설정할 수 있다. 그리고 총 근로시간은 정산 기간 전체를 대상으로 한 총 근로시간이다. 총 근로시간을 정하는 방법은 두 가지이다. 하나는 소정근로시간을 기준으로 '8시간×정산 기간 소정근로일'로 총 근로시간을 정하고, 다른 하나는 1주 40시간을 기준으로 '40시간×정산 기간 역일수/7'로 총 근로시간을 정한다. 후자는 법정근로시간 산정 방법과 동일하다.

전자의 방법(소정근로시간 기준)이 후자의 방법(1주 40시간 기준)보다 총 근로시간이 적게 산출된다. 이것은 주중의 유급휴일 등이 전자의 총 근로시간에는 포함되지 않지만, 후자에는 포함되기 때문이다. 예컨대, 2020년 5월에는 주중 휴일이 2일이 있어, 근로일수는 19일이다. 따라서 5월 총 근로시간이 전자의 방법으로는 152시간(=8×19)이고, 후자의 방법으로는 177시간(=40×31/7)이다.

전자 방법의 총 근로시간에는 주중의 유급휴가·휴일·휴무일을 제외되므로 실근로시간이 총 근로시간보다 하회하는 경우는 드물다. 반면, 후자 방법의 총 근로시간에는 유급휴가·휴일·휴무일을 모두 반영하므로 실근로시간이 총 근로시간보다 하회하는 경우가 흔하다. 따라서 전자의 방법으로는 근로자들의 임금 하락이 희박하나 후자는 임금 하락 문제가 늘 발생한다. 예컨대 주중에 연차휴가를 3일 사용하면 전자의 방법은 총 근로시간이 그만큼 줄어들기 때문에 임금 하락이 발생하지 않는다. 반면, 후자의 방법은 실근로시간이 휴가 기간(24시간=8×3)만큼 총 근로시간에 미달하게되고, 평일에 그 시간을 보충하지 않으면 임금은 하락하게 된다.

그래서 정산 기간의 총 근로시간은 전자의 방법, 즉 '8시간×정산기간 소정근로일'로 산정하는 것이 근로자들에게 유리하고 사업장에서도 불리하지 않다. 왜냐하면 이 방법에 의해 운영하더라도 연장근로시간은 소정근로시간이 아니라 법정근로시간을 초과해야발생한다. 예컨대, 2020년 5월의 총 근로시간은 152시간(전자 방법)인 근로자가 실근로시간이 170시간이더라도 연장근로시간은 발생하지 않는다. 5월의 법정근로시간이 177시간(=(=40×31/7)이고 이에미달하기 때문이다.

③ 의무시간대 및 선택시간대
의무시간대는 근로자가 반드시 근로하여야 할 시간대이며, 선택시간대는 근로자가 스스로의 결정에 의하여 근로제공여부를 결정할 수 있는 시간대를 말한다.

④ 표준근로시간

표준근로시간은 주휴일, 유급휴가 등의 계산 기준으로 사용하는 시간이다. 이는 사용자와 근로자 대표가 합의하여 정한 1일의 근로시간이다. 만약 표준근로시간을 8시간으로 정했다면 연차휴가 등 유급휴가 사용 시 1일 표준근로시간인 8시간을 사용한 것으로 취급한다.

3) 연장·휴일·야간근로 및 휴일·휴가와의 관계

(1) 연장근로

선택적 근로시간제에서 연장근로는 일·주 단위로 계산할 수 없고 정산 기간 이후에 알 수 있다. 즉, 연장근로로 계산되는 시간은 정산 기간을 평균하여 1주 근로시간이 40시간을 초과하는 시간으로, 다음의 2가지 경우이다.

첫째, 사용자의 사전 지시(요청)로 연장근로를 한 경우, 둘째, 근로자가 연장근로를 할 것을 사전통지하고, 사용자가 이에 대해 승인한 경우이다. 이러한 경우를 제외하고 근로자가 자발적으로 연장근로를 한 경우는 연장근로수당 지급 대상이 되지 않는다.

그리고 선택적 근로시간제를 도입하더라도, 연장근로를 하는 경우에는 해당 근로자와 별도의 합의가 필요하다. 이때 연장근로는 정산 기간 동안의 한도를 초과할 수 없다. 정산 기간 내의 연장근로시간 한도는 '12시간×(정산 기간 역일수/7)'로 계산한다.

(2) 휴일 및 야간근로

의무시간대가 휴일 또는 야간근로시간대(오후 10시~오전 6시)에 걸쳐 있는 경우에는 그 시간에 대한 가산수당을 지급하여야 한다. 또한, 선택시간대가 휴일 또는 야간근로시간대에 걸쳐 있는 경우에도 그 시간대에 이루어진 근로에 대해서는 가산수당을 지급하여야 한다.

선택시간대에 휴일 또는 야간근로시간이 포함되어 있지 않은 경우에는 사용자의 지시(요청) 또는 승인(동의)이 있는 경우 가산수당을 지급해야 하나, 근로자가 사용자의 지시(요청) 또는 승인(동의) 없이 자발적으로 근로한 경우에는 가산수당 지급 의무가 없다.

(3) 휴일·휴가 부여

선택시간대를 도입하더라도 출근율에 따라 주휴일과 연차휴가를 부여하여야 한다. 이때 휴일·휴가 수당은 표준근로시간에 해당하는 임금을 기초로 계산한다.

4) 선택적 근로시간제 유형

선택적 근로시간제에는 그 선택내용과 선택방법에 따라 〈표 6-3〉과 같이 4가지 유형으로 분류할 수 있다. 그 유형에는 근로시간 완전선택형, 근로시간 부분선택형, 근로일 완전선택형, 그리고 근로일 부분선택형이 있다. 완전선택형은 출퇴근 시간이나 근무시간을 자율적으로 선택 가능하여 재량근무제와 유사한 제도이고, 부분선택형은 의무시간대(의무근무일)와 선택시간대(선택근무일)를 운영하는 제도이다.

〈**표 6-3**〉 선택적 근로시간제 유형

선택내용 / 선택방법	근로시간	근로일
완전선택형	① 근로시간 완전선택형	③ 근무일 완전선택형
부분선택형	② 근로시간 부분선택형	④ 근로일 부분선택형

(1) 근로시간 완전선택형

근로시간 완전선택형은 근로일수는 선택할 수 없고 근로시간만 선택할 수 있으며, 주 5일을 근무하되 그 근무시간을 근로자가 자유롭게 조절할 수 있다. 즉, 정산 기간 중 업무의 시작시각과 종료시각이 근로자의 자유로운 결정에 맡겨져 있고, 사용자가 관여하지 않는 제도이다. 그래서 완전선택형은 〈그림 6-13〉에서 보는 것처럼 선택시간대나 의무시간대 등이 따로 없다.

선택적 근로시간제를 도입하는 기업들은 대부분 근로시간 부분선택형으로 설계하지만, 차츰 근로시간 완전선택형으로 전환하는 추세이다. 삼성전자와 네이버에서는 근로시간 완전선택형을 운영하고 있다.

〈그림 6-13〉 완전 선택형과 부분 선택형

(2) 근로시간 부분선택형

근로시간 부분선택형은 〈그림 6-13〉에서 보는 것처럼 일과를 나누어, 의무적으로 근무해야 하는 시간대(의무시간대)와 자율적으로 근무해야 하는 시간대(선택시간대)를 두는 근로시간제이다. 의무시간대는 모든 구성원이 똑같이 근무해야 하는 핵심 시간대이고, 선택시간대는 근로자가 자유롭게 출퇴근 시간을 조정할 수 있는 시간대이다.

(3) 근로일 완전선택형

근로일 완전선택형은 의무근로일과 선택근로일을 따로 두지 않고 자유롭게 근로할 수 있도록 하는 제도이다. 1주일에 3일 근무하든, 5일 근무하든 정산 기간을 평균하여 1주 40시간을 초과하지 않는 한 근로자가 선택적으로 근로할 수 있다.

이 제도는 재량근무제와 유사하기 때문에 소프트웨어개발이나 연구, 디자인, 설계업무 등 근로의 양보다 질이 중시되는 전문직 종사자에게 적당한 유형이다.

(4) 근로일 부분선택형[9]

근로일 부분선택형은 의무근로일과 선택근로일을 두고, 의무근로일은 준수하되, 나머지 근로일은 4~5일 내지 그 이상으로 선택(근로일별 근로시간 포함)할 수 있는 제도이다. 즉, 정산 기간을 평균하여 1주 40시간을 초과하지 않는 한 근로자의 선택으로 근로일을 선택할 수 있다. 예컨대, <표 6-4>의 사례는 월요일만 의무근로일로 하고 나머지 요일을 선택근로일로 하고 있다.

<표 6-4> 근로일 부분선택형 활용 사례

구분	월	화	수	목	금	소계
1주	의무근로일 (10시간 근무)	06:30 ~ 22:00 (15h 근무, 1.5h 휴게)	06:30 ~ 22:00 (15h 근무, 1.5h 휴게)	출근 안함	출근 안함	40h 근무

---

9) 고용노동부, 유연근무제 Q&A, 2017. 12.

5) 선택적 근로시간제 설계

선택적 근로시간제는 〈그림 6-14〉처럼 '근로시간 특성분석→유형 선택→제도 설계→임금 보전 및 노사합의'의 순으로 진행한다.

〈그림 6-14〉 선택적 근로시간제 설계 프로세스

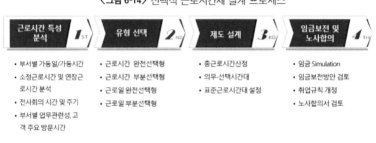

* 출처 : 시엔피컨설팅 내부 자료

(1) 1단계: 근로시간 특성분석

선택적 근로시간제 설계의 첫 단계는 탄력적 근로시간제를 설계할 때와 같이, 부서별 월평균 근로시간(1주 단위)을 분석하는 것이다. 우선, 근로시간의 현황, 「근로기준법」 위반여부나 선택적 근로시간제 도입 가능성 여부를 검토해야 한다. 그리고 전사 운영회의나 부서별 회의 시간이나 주기, 부서별 업무 의존성, 고객들의 주요 방문시간 등도 분석되어야 한다. 근로시간이 제대로 분석되면, 선택적 근로시간제의 유형을 합리적으로 설계할 수 있고, 또한 임금 하락 여부 그리고 제도 개선에 대한 근로자들의 설득을 용이하게 할 수 있다.

(2) 2단계: 유형 선택

근로시간 특성이 분석되면 이제는 선택적 근로시간제 유형을 선택해야 한다. 매주 운영회의를 개최한다든지, 고객들의 방문이 일상인 사업장에서는 완전선택형 설계보다는 부분선택형이 적합하다. 또는 창의성이나 문제해결력을 강화를 위한 몰입향상을 위해서는 근로자 각자의 라이프 스타일을 반영하는 완전선택형이 바람직하다.

〈그림 6-15〉의 사례는 영업부서를 컨설팅한 사례이다. 영업부서는 자율적 근로와 의무적 근로가 모두 필요하다. 직원들에게 고객방문 등 영업활동을 보장하기 위해서 는 자율적(선택적) 근로시간이 필요하고 또한 정보공유, 회의, 업무집중도를 위하여 의무시간대도 필요하다. 그래서 〈그림 6-15〉의 사례는 근로시간 단위로 부분 선택형으로 설계했다. 선택시간대의 시업시간은 07:00~11:00이고 종업시간은 16:00~20:00이며, 의무시간대는 11:00~16:00로 했다.

〈**그림 6-15**〉 선택적 근로시간제 유형 선택(사례)

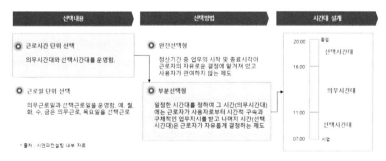

* 출처 : 시앤피컨설팅 내부 자료

(3) 3단계: 제도 설계

근로시간 특성이 분석되고 선택적 근로시간제의 유형이 선택되면, 그다음은 본격적으로 제도를 설계해야 한다. 선택적 근로시간제의 설계 절차는 탄력적 근로시간제의 절차보다 단순하다. 그렇다고 활용까지 단순한 것은 아니다. 선택적 근로시간제는 그 유형에서도 알 수 있지만, 시차출퇴근제부터 재량근로시간제까지 모두 포함할 정도로 활용도가 넓다.

선택적 근로시간제 설계 절차는 '① 정산 기간 및 총 근로시간 산정→② 의무·선택시간대 설정→③ 표준근로시간 설정' 순으로 진행된다.

완전선택형은 정산 기간·총 근로시간과 표준근로시간만 산정하면 되고, 부분선택형은 여기에다 '의무시간(근무일)과 선택시간(근무일)'을 추가하면 된다. 완전선택형은 별도로 제도 설계가 필요 없으므로 부분선택형 중심으로 설계해보자. 사례로는 가장 일반적으로 활용되는 1개월 정산단위 근로시간 부분선택형과 1개월 정산단위 근로일 부분선택형을 사용한다(정산 기간은 2020년 5월).

■ 근로시간 부분선택형(1개월 정산단위)

근로시간 부분선택형의 설계는 선택적 근로시간제의 설계 절차대로 진행한다. 설계 결과는 〈그림 6-16〉과 같다.

① 총 근로시간 산정(정산 기간은 1개월)

총 근로시간은 소정근로시간을 기준으로 설정하여 임금 하락을 최소화하도록 한다. 그래서 총 근로시간은 '8시간×정산 기간 소정근로일'로 산정한다. 예컨대, 2020년 5월에는 주중에 유급 휴일 2일(근로자의 날과 어린이날)을 제외하면 총 근로일은 19일이다. 이때 총 근로시간은 〈그림 6-16〉처럼 152시간(=19×8)이다.

② 의무시간대와 선택시간대

의무시간대는 11:00~16:00(휴게 시간 1시간 포함)시로 하고, 나머지 시간은 선택시간대로 정했다. 이 시간대의 의미가 의무시간에는 반드시 사용자의 지휘·감독하에 있어야 하는 시간이다. 선택시간대는 그 시간대에는 자유롭게 출퇴근이 가능한 시간이다. 08:00시에 출근했으니 17:00시에 퇴근해야 하는 개념인 시차출퇴근제와 다르다.

선택적 근로시간제는 의무시간대만 반드시 지키고, 나머지 시간을 자율적으로 운영한다. 즉 10:30분에 출근, 16:00시에 퇴근도 가능하다. 출퇴근 시간이 자유로운 제도이지만, 정산 기간 동안 평균 근로시간 1주 40시간은 지켜야 한다. 그래서 오늘 6.5시간 근무했다면 다음에 9.5시간 근무하는 등 1주 40시간을 맞춘다면 출퇴근 시간을 자유롭게 선택할 수 있다.

③ 표준근로시간

표준근로시간은 근로자 대표와 합의하여 8시간으로 정한다. 표준근로시간을 8시간으로 정하면 주휴일이나 연차휴가 등 유급휴가 사용 시 1일 8시간을 사용한 것으로 간주한다.

〈그림 6-16〉 근로시간 부분선택형(사례, 2020년 5월, 의무시간대 11:00~16:00)

구분	월	화	수	목	금	소계
1주					근로자의 날	
2주	11:00~16:00 (4h 근무)	어린이 날	07:00~19:00 (11h 근무)	07:00~19:00 (11h 근무)	07:00~19:00 (11h 근무)	37h 근무
3주	08:00~17:00 (8h 근무)	08:00~17:00 (8h 근무)	08:00~17:00 (8h 근무)	08:00~17:00 (8h 근무)	08:00~19:00 (10h 근무)	42h 근무
4주	08:00~17:00 (8h 근무)	08:00~17:00 (8h 근무)	08:00~18:00 (9h 근무)	08:00~17:00 (8h 근무)	08:00~19:00 (10h 근무)	43h 근무
5주	07:00~16:00 (8h 근무)	07:00~18:00 (10h 근무)	11:00~16:00 (4h 근무)	11:00~16:00 (4h 근무)	11:00~16:00 (4h 근무)	30h 근무

152h 근무

정산기간 및 총 근로시간 산정 → 의무시간대 및 선택시간대 선정 → 표준근로시간 결정

※ 근로시간에는 휴게시간 1시간 제외

■ 근로일 부분선택형(1개월 정산단위)

근로일 부분선택형의 설계는 '정산 기간 및 총 근로시간 산정→의무근로일 및 선택 근로일 선정→표준근로시간 결정' 순으로 진행된다.

우선, 정산 기간 및 총 근로시간을 정해야 하는데, 그 개념은 근로시간 부분선택형과 동일하다. 의무근로일과 선택근로일은 회사 여건을 고려하여 선택하면 된다. 〈그림 6-17〉의 사례에서는 매월 첫째 월요일과 셋째 월요일을 전사 경영회의를 개최하기 때문에 의무근로일로 하고 있다.

그래서 의무근로일을 첫·세 번째 월요일(이날의 의무근로시간 09:00~12:00)로 하고, 나머지 일은 선택근로일로 한다. 이것은 의무근로일(의무근로시간 포함)만을 지키면 나머지 근로일과 근로시간은 자유롭게 선택할 수 있다. 그래서 〈그림 6-17〉처럼 직원의 필요에 따라 출근하지 않는 날도 발생한다.

〈그림 6-17〉 근로일 부분선택형(사례, 의무근로일 첫·세 번째 월요일(09:00~12:00)

구분	월	화	수	목	금	소계
1주					근로자의 날	
2주	의무근로일 (8시간 근무)	어린이 날	출근 안함	09:00~22:00 (12h 근무)	09:00~22:00 (12h 근무)	32h 근무
3주	출근 안함	09:00~22:00 (12h 근무)	09:00~18:00 (8h 근무)	09:00~22:00 (12h 근무)	09:00~18:00 (8h 근무)	40h 근무
4주	의무근로일 (8시간 근무)	09:00~18:00 (9h 근무)	09:00~17:00 (8h 근무)	09:00~22:00 (12h 근무)	08:00~17:00 (8h 근무)	45h 근무
5주	09:00~21:00 (11h 근무)	09:00~18:00 (8h 근무)	09:00~18:00 (8h 근무)	09:00~18:00 (8h 근무)	출근 안함	35h 근무

정산기간 및 총 근로시간 산정 → 의무근로일 및 선택근로일 선정 → 표준 근로시간 결정

152h 근무

※ 근로시간에는 휴게시간 1시간 제외

(4) 4단계: 임금 보전 방안 및 노사합의

선택적 근로시간제를 도입하게 되면 연장근로시간이 줄어들기 때문에 임금이 줄어들 수밖에 없다. 〈표 6-5〉는 근로시간 부분선택형으로 설계한 컨설팅 자료이다. 조선업종 사업장인데 임금감소율이 2.88% 발생했다. 사업장에서는 임금 보전방안을 강구해야 한다. 이러한 임금 보전방안에는 시급인상, 연장수당 가산율 조장, 보전수당 신설, 성과보상제도 강화 등의 방법이 있다. 임금 보전방안을 마련하지 않아도 벌칙은 없다.

〈표 6-5〉 신택직 근로시간제 도입에 따른 임금영향(사례)

	구분	법정시간	연장근로	연장가산	총시수	금액*	비고(평균액)
도입 전	갑	209	1.5	0.75	211.3	1,814,638	
	을	209	5.5	2.75	217.3	1,866,178	1,848,461
	병	209	9.5	4.75	223.3	1,917,718	
	정	209	-	-	209.0	1,795,310	

	구분	법정시간	연장근로	연장가산	총시수	금액	비고(평균액)
도입 후	갑	209	-	-	209.0	1,795,310	
	을	209	-	-	209.0	1,795,310	1,795,310
	병	209	-	-	209.0	1,795,310	
	정	209	-	-	209.0	1,795,310	

* 월급여는 최저시급(8,590) 적용

* 출처 : 시앤피컨설팅 내부 자료

감소액	53,151
감소율	2.88%

선택적 근로시간제를 도입하려면 근로자 대표와 다음 사항에 대해 서면 합의를 해야 한다(〈그림 6-18〉 참조).

① 대상 근로자의 범위(15세 이상 18세 미만의 근로자는 제외한다)
② 정산 기간(1개월 이내의 일정한 기간으로 정하여야 한다)
③ 정산 기간의 총 근로시간, 반드시 근로하여야 할 시간대를 정하는 경우에는 그 시작 및 종료 시각
④ 근로자가 그의 결정에 따라 근로할 수 있는 시간대를 정하는 경우에는 그 시작 및 종료 시각
⑤ 표준근로시간

〈그림 6-18〉 선택적 근로시간제 노사합의서

㈜ 000 대표이사 ＿＿ (이하 '회사'라 함)와 근로자대표 ＿＿ 는 선택적 근로시간제 도입에 관하여 다음과 같이 합의한다.

- 내 용 -

제1조(목적)
이 합의서는 근로기준법 제52조와 취업규칙 제○조에 의해 선택적근로시간제에 필요한 사항을 정하는 것을 목적으로 한다.

제2조(적용범위)
① 이 합의서의 내용은 정비 부서의 근로자에 적용함을 원칙으로 한다.
② 다만, 15세 이상 18세 미만의 근로자와 임신중인 여성근로자에게는 본 합의를 적용하지 아니한다.

제3조(정산기간)
근로시간의 정산기간은 매월 초일부터 말일까지로 한다.

제4조(총 근로시간)
'1일 8시간 x 해당월의 소정근로일수(휴일·휴가·휴무일은 제외)'로 계산한다.

제5조(표준근로시간)
1일의 표준근로시간은 8시간으로 한다.

제6조(의무시간대)
의무시간대는 별도로 운영하지 않는다.

제7조(선택시간대)
선택시간대는 시업시각은 오전 8시부터 10시, 종업시각은 오후 5시부터 7시로 하되, 시업시각을 1일 전까지 근무일지에 기록하여 상사에게 보고한다.

제8조(가산임금)
업무상 부득이한 경우에 상사의 승인을 받고 제4조의 근무시간을 초과하여 근무한 시간에 대해 가산수당을 지급한다.

제9조(임금공제)
의무시간대에 근무하지 않은 경우, 근무하지 않은 시간만큼 임금을 공제하며, 의무시간 시작시간을 지나 출근하거나, 의무시간 종료전에 퇴근한 경우에는 조퇴, 지각으로 처리한다.

제10조(유효기간) 이 합의서의 유효기간은 2020년 ○월 ○일부터 1년간으로 하되, 유효기간 만료 1개월 전까지 개정 관련 별도 의견이 없는 경우에는 그 후 1년간 자동갱신 되는 것으로 하며, 그 이후에도 또한 같다.

년 월 일
㈜000 대표이사 (인) 　 근로자대표 (인)

4 > 간주근로시간제

1) 의의

본래 근로시간은 사용자의 지휘·감독 아래서 근로를 제공하는 시간이다. 기업의 다양한 활동은 반드시 사용자의 지휘·감독 아래서 일어나는 것은 아니며, 객관적으로 근로시간을 측정하기가 어려운 경우가 많다. 특히, 영업활동이나 출장, 수요처 방문, 재택근무 등 사업장 밖에서 업무를 추진하는 경우에는 더욱 그러하다. 이처럼 근로자가 사업장 밖에서 근무하여 사용자의 관리가 미치지 않아 객관적으로 근로시간 산정이 어려운 경우, 「근로기준법」에서는 간주근로시간제를 활용하도록 하고 있다.

간주근로시간제라 함은 근로자가 출장이나 그 밖의 사유로 근로시간의 전부 또는 일부를 사업장 밖에서 근로하여 근로시간을 산정하기 어려운 경우에 일정한 시간을 근로시간으로 간주하는 제도이다. 이때 간주 대상이 되는 근로시간은 실제로 근로한 시간과 관계없다. 그것은 '소정근로시간', '업무수행에 통상적으로 필요한 시간', '노사가 서면으로 합의한 시간'이다.

간주근로시간제는 근로시간 산정방법을 정하는 것이다. 그래서 간주근로시간제를 도입하더라도 탄력적·선택적 근로시간제처럼 근로시간의 조정 및 배분 등 근로시간 형태의 변화가 발생하는 게 아니다. 이 제도는 근로자가 사업장 밖에서 근무하여 근로시간 계산이 어려운 경우에 근로시간을 산정하는 방법을 정하는 것이다. 예를 들면, 장거리 해외출장의 경우, 비행시간, 출입국 수속시간, 이동 시간 등의 활동들을 근로시간으로 계산하기가 쉽지 않다. 이럴 경우, 근로자대표와 서면 합의를 통해 정한 시간을 근로시간으로 본다는 식이다.

이러한 간주근로시간제 도입은 근로 장소가 '사업장 밖'이어서 근로시간에 대한 양적 통제가 용이하지 않는 업종이나 직무이면 가능하다. 예를 들면, 영업직, A/S 업무, 출장 업무, 택시운송, 재택근무 등에 활용할 수 있다. 또한 사업장 밖의 근로는 상시적인 사업장 밖 근로, 사업장 밖 근로와 사업장 내 근로가 혼합된 경우 그리고 일시적인 필요로 사업장 밖에서 수행하는 경우 모두 적용 가능하다.

이제 우리는 ICT 기술에 힘입어 시간과 공간의 구애됨 없이 업무가 가능한 시대에 생활하고 있다. 이메일과 스마트폰의 영향으로 가정생활과 직장생활의 구분이 사라지고 있다. 향후 사업장 밖의 근무나 재택근무가 증가할 것이며, 따라서 간주 근로시간제의 유용성도 커질 것이다.

2) 도입 요건

간주근로시간제를 도입하려면 (1) 사업장 밖의 근로일 것, (2) 근로시간을 산정하기 어려울 것 등의 두 가지 요건이 필요하다.

(1) 사업장 밖의 근로일 것

사업장 밖 근로는 근로시간의 전부 또는 일부가 사업장 밖에서 이루어지는 것이다. 사업장 밖의 근로에서는 '근로의 장소적 측면'과 '근로수행의 행태적 측면'을 모두 고려해야 한다. 첫째는 근로의 장소적 측면이다. 사업장 밖의 근로는 본래 소속 사업장에서 장소적으로 이탈하여 자신의 소속 사업장의 근로시간 관리로부터 벗어나서 노무를 제공하는 행위이다. 예를 들면, 전자제품 등의 설비·수리 업무, 신문방송사 기자의 취재업무, 해외 출장이 있는 경우 등도 모두 이에 해당한다.

둘째, 근로수행의 행태적 측면이다. 근로자가 사용자의 근로시간 관리행위로부터 구체적인 지휘·감독을 받지 않고 근로를 수행해야 한다. 그래서 사업장 밖에서 관리자의 지휘·감독을 받으면서 근로를 수행하는 경우는 사업장 밖의 근로로 볼 수 없다. 이러한 경우는 사업장 내 근로로 보아야 한다. 팀 단위로 출장하여 관리자가 동행하는 경우도 마찬가지로 사업장 내 근로로 보아야 한다.

(2) 근로시간의 산정이 어려울 것

근로시간 산정이 어려운 경우는 시업 시각과 종업시각이 해당 근로자의 자유에 맡겨져 있고, 외부여건에 따라 근로시간의 장단이 결정될 때를 말한다. 따라서 사업장 밖에서 근로라고 하더라도 사용자의 구체적인 지휘·감독이 미치는 경우에는 근로시간 산정이 가능하므로, 적용대상에서 제외된다.

따라서 다음의 경우는 사업장 밖에서 근로하더라도 간주근로시간제의 적용 대상이 되지 않는다고 보고 있다.[10]

① 여러 명이 그룹으로 사업장 밖에서 근로하는 경우로서 그 멤버 중에 근로시간 관리자가 있는 경우
② 사업장 밖에서 업무에 종사하는 사람이 휴대폰이나 무선 등에 의해 수시로 사용자의 지시를 받으면서 근로하는 경우
③ 사업장에서 방문처, 귀사시간 등 당일 업무의 구체적인 지시를 받은 다음 사업장 밖에서 회사 지시대로 업무를 수행하고, 그 후 사업장에 돌아오는 경우

---

10) 고용노동부, 『유연근로시간제 가이드』, 2019. 8. p.69.

3) 도입 효과

간주근로시간 도입 요건이 충족되면 근로시간 간주가 가능한데, 「근로기준법」에서는 3단계로 간주하도록 하고 있다. 1단계는 '소정 근로시간으로 보는 경우'이고, 2단계는 '업무수행에 통상 필요한 시간으로 보는 경우' 그리고 마지막 단계는 '노사가 서면 합의한 시간으로 보는 경우'이다.

(1) 소정근로시간으로 보는 경우

간주근로시간제의 근로시간 산정 1차 기준은 소정근로시간이다. 소정근로시간은 근로자가 근로계약서로써 근로하기로 약속한 시간이다. 그래서 사업장에서는 특별한 사유가 없는 한 근로자들이 소정근로시간을 근무한 것으로 본다.

사업장 밖에서 근로한 실근로시간이 소정근로시간보다 짧거나 길더라도 사용자는 소정근로시간분의 임금을 지급하면 된다. 예를 들어, 1일 출장하여 업무를 1일 6시간에도 끝낼 수 있고 또는 상황에 따라 9시간, 10시간이 걸릴 수도 있다. 이때 1일 소정근로시간이 8시간인 경우, 실제 출장 소요 시간을 불문하고 1일 출장은 8시간으로 본다는 의미이다.

(2) 업무수행에 통상 필요한 시간으로 보는 경우

그런데 통상적으로 소정근로시간보다 초과하여 수행해야 할 업무가 있다. 예를 들면, 밤낮없이 영업활동을 벌이는 영업직이 대표적이다. 이들은 해당 업무를 수행하는 데 소정근로시간을 초과하여 근무하는 경우가 많다. 이때 「근로기준법」에서는 이들의 근로시간은 그 업무의 수행에 통상 필요한 시간으로 인정하고 있다.

이때 통상 필요한 시간은 통상적 상태에서 그 업무를 수행하기 위해 객관적으로 필요한 시간을 말한다. 예를 들면, 영업사원이 고객응대를 어느 정도까지를 객관적으로 필요한 시간으로 볼 것인지에 대해서는 논란의 소지가 있다. 그래서 고용노동부에서는 취업규칙으로 그 업무수행의 통상 필요시간을 특정할 것을 제시하고 있다.

이 경우, 합의된 통상 필요 근로시간이 「근로기준법」이 정한 법정근로시간을 초과할 경우 초과분에 대해서는 연장근로수당이 지급되어야 한다.

(3) 노사가 서면 합의한 시간으로 보는 경우

근로자가 사업장 밖에서 근로하는 경우, 소정근로시간이나 통상 필요시간으로도 산정하기가 어려운 경우가 있다. 특히, 해외출장을 가는 경우, 이동시간이나 출입국 수속 등을 근로시간으로 산정할 때 소정근로시간이나 통상적 필요시간으로 보기가 적당치 않다. 이러한 경우, 노·사가 서면 합의한 시간을 근로시간으로 보는 것이 바람직히다. 서면 합의로 정한 시간 중 법징근로시간을 초과하는 시간은 연장근로가 된다.

〈표 6-6〉 사업장 밖 간주근로시간제 노사합의서(예시)[11]

주식회사 ○○ 대표이사 와 근로자대표 는 취업규직 제○○조에 따라, 근로자에 대하여 사업장 밖 근로를 시키는 경우의 근로시간 산정에 관하여 다음과 같이 합의한다.

제1조(대상의 범위) 이 합의서는 영업부 및 판매부에 속하는 사업으로 주로 사업장 밖의 업무에 종사하는 자에게 적용한다.

제2조(인정근로시간) 제1조에 정한 직원이 통상근로시간의 전부 또는 일부를 사업장 밖에 있어서의 업무에 종사하고, 근로시간을 산정하기 어려운 경우에는 휴게시간을 제외하고 1일 9시간을 근로한 것으로 본다.

제3조(휴게시간) 제1조에 정한 직원에 대해 취업규직 제○○조에 정한 휴게시간을 적용한다. 다만, 업무에 따라서는 정해진 휴게시간에 휴게할 수 없는 경우는 별도의 시간대에 소정의 휴게를 부여하는 것으로 한다.

제4조(휴일근로) 제1조에 정한 직원이 특별한 지시에 따라 취업규직 제○○조에 정한 휴일에 근무한 경우에는 회사는 취업규직 제○○조에 기초하여 휴일근로가산수당을 지급한다.

제5조(야간근로) 제1조에 정한 직원이 특별한 지시에 따라 야간(22:00~06:00)에 근무한 경우에는 취업규직 제○○조에 기초하여 야간근로 가산수당을 지급한다.

제6조(연장근로) 제2조에 따라 근로로 인정된 시간 중 소정근로시간을 넘는 시간에 대해서는 취업규직 제○○조에서 정한 연장근로 가산수당을 지급한다.

제7조(유효기간) 이 합의서의 유효기간은 ○○○○년 ○월 ○일부터 1년간으로 한다.

20○○. . .

주식회사 ○○ 대표이사 (인)   근로자대표 (인)

---

11)   고용노동부, 『유연근로시간제 가이드』, 2019. 8.

4) 기타 법률적 검토사항

(1) 연장·야간·휴일근로 및 휴일·휴가

사업장 밖에서 근무하여 간주근로시간제를 도입하더라도 연장·야간·휴일근로는 적용된다. 간주근로시간제의 특례를 인정하는 것은 근로시간의 산정에 관한 부분이므로 연장·야간·휴일근로가 발생한 경우 가산수당을 지급하여야 한다.

또한, 간주한 근로시간에 야간·휴일근로가 포함되어 있지 않더라도 사용자의 특별한 지시나 승인으로 실제 연장·야간·휴일근로가 발생하였다면 이러한 시간에 대해서는 가산수당을 지급하여야 한다.

또한 주휴일·연차휴가 등은 출근율에 따라 별도로 부여하여야 한다.[12]

사업장 밖 간주근로시간제를 도입한 경우에도 사용자는 「근로기준법」 제70조의 임산부와 연소자의 야간·휴일근로의 제한 규정 및 제71조의 산후 1년 미만 여성근로자의 시간외근로 제한 규정을 준수하여야 한다.

---

12)　근기 68207-287, 2003. 3. 13.

(2) 취업규칙 변경

통상근로자와 비교하여 근무 장소 외의 다른 근로조건에 변경이 없는 경우, 사업장 밖 근로는 근로자의 개별적 동의를 받아 실시하는 것으로 가능하며, 반드시 취업규칙을 변경할 필요는 없다.

다만, 통상근로자와 비교하여 근무 장소 외에 근로시간 산정방법 및 임금·수당의 결정 및 계산방법을 달리하거나 별도의 성과평가, 인사관리, 교육·연수제도를 적용하는 등 다른 근로조건의 변경이 있다면, 취업규칙에 관련 내용을 명시하는 것이 바람직하다.

5 ❯ 재량근로시간제

1) 의의

4차 산업혁명의 요체는 기술혁신이다. 이제 기업이 성공하려면 과거의 전통을 유지하는 것이 아니라 모든 것을 혁신해야 한다. 이러한 혁신은 사업장의 통제적인 방법보다는 자율성을 가지고 재량껏 업무를 추진할 때 활성화된다. 사회적으로 재량근로는 계속 증가하고 있고, 「근로기준법」에서도 재량근로를 지원하고 있다.

재량근로는 업무의 업무수행방법을 근로자의 재량에 위임하는 것이다. 「근로기준법」에서는 업무의 성질상 업무수행의 수단, 시간배분의 결정 등에 대해 구체적인 지시가 곤란한 업무에 대해 사용자가 그 수행방법 등을 근로자의 재량에 맡기면, 근로시간은 근로자대표와 서면 합의로 정한 시간으로 본다. 즉, 재량근로자의 근로시간은 실근로시간과 관계없이 근로자대표와 서면으로 정한 시간이다.

재량근로시간제와 유사한 제도로 선택적 근로시간제(근로일 완전선택형)가 있다. 두 제도 모두 근로시간을 자율적으로 선택할 수 있다는 점에서 유사하다. 하지만, 선택적 근로시간제는 업종에 관계없이 활용할 수 있는 반면에 매월 정산 절차를 거쳐야 하는 번거로움이 있다. 반면, 재량근로시간제는 근로시간에 대해 매월 정산절차를 요하지 않는 대신, 적용 대상 업종이 정해져 있어 활용에 한계가 있다. 그래서 재량근로 대상 업종에 해당하면 재량근로시간제를 활용하고, 그렇지 않으면 선택적 근로시간제의 근로일 완전선택형을 활용하는 것도 방법이다.

2) 도입 요건

재량근로가 성립하기 위해서는 (1) 재량근로제 대상 업무에 해당할 것, (2) 대상 업무 수행의 재량성이 보장될 것, (3) 근로자대표와 서면 합의가 있을 것 등의 세 가지 요건이 필요하다.

⑴ 재량근로제 대상 업무에 해당할 것

「근로기준법」 시행령 제31조는 재량근로에 해당하는 업무를 다음과 같이 정하고 있다.

① 신상품 또는 신기술의 연구개발이나 인문사회과학 또는 자연과학분야 연구 업무

② 정보처리시스템의 설계 또는 분석 업무

③ 신문·방송 또는 출판 사업에서의 기사의 취재, 편성 또는 편집 업무

④ 의복·실내장식·공업제품·광고 등의 디자인 또는 고안 업무

⑤ 방송 프로그램·영화 등의 제작 사업에서의 프로듀서나 감독 업무

⑥ 회계·법률사건·납세·법무·노무관리·특허·감정평가 등의 사무에 있어 타인의 위임·위촉을 받아 상담·조언·감정 또는 대행을 하는 업무

(2) 대상 업무 수행의 재량성이 보장될 것

재량근로제로 인정받으려면 대상 업무를 수행함에 있어 재량성이 보장되어야 한다. 즉, 재량근로 대상 업무에 해당하고 사용자와 근로자대표 사이의 서면 합의가 있어도 업무 성질에 내재하는 재량성이 없다면 재량근로로 볼 수 없다.

업무에 재량성이 있기 위해서는 수행 수단에 대하여 구체적인 지시를 받지 않아야 하다. 다만, 사용자가 근로자에게 업무의 기본적인 지시를 하거나 일정 단계에서 진행 상황을 보고할 의무를 지우는 것은 가능하다(<표 6-7> 참조).

<표 6-7> 사례별 입무지시 가능 여부 판단[13]

< 업무보고 등 >

○ 업무의 목표·내용·기한 등 기본적인 내용에 대한 지시 ·················· (○)

○ 일정 단계에서 진행경과 확인, 정보공유 등을 위한 업무보고 지시 ····· (○)

○ 업무의 완성이 임박한 단계에서 완성도 확보를 위한 보고 지시 ·········· (○)

○ 업무의 성질에 비추어 보고 주기가 지나치게 짧고, 보고 불이행 시 징계 등 불이익 조치가 있는 경우 ······ (X)

< 회의참석, 출장 >

○ 업무진행 상황 확인, 정보공유 등을 위한 회의참석 지시 ················· (○)

○ 중대한 결함 발생 등 긴급업무 발생 시 회의참석·출장 등 지시 ········· (○)

○ 업무의 완성을 위해 필요한 출장·외부회의·행사 등 참석 지시 ·········· (○)

○ 근로자 스스로 재량에 따른 회의 소집·참석, 출장 등 ·················· (○)

○ 근로자의 시간 배분을 사실상 제한할 정도의 빈번한 회의참석 지시 ····· (X)

< 복무관리 >

○ 소정근로일 출근의무를 부여하고 이를 확인하는 경우 ·················· (○)

○ 장시간근로 차단 등 건강보호, 연차휴가 산정 등 복무관리 목적의 출·퇴근 기록 의무 부여 ······ (○)

○ 출·퇴근 기록을 토대로 임금산정, 평가 반영 등 불이익 조치 ·············· (X)

< 업무부여 주기 >

○ 통상 1주 단위 이상으로 업무를 부여하거나, 일(日) 단위로 업무를 부여하더라도 업무의 성질 등에 비추어 합리적 사유가 있는 경우 ······ (○)

○ 통상 소요되는 기간에 미치지 못하는 완료기한을 정하는 등 과도한 업무 부여·· (X)

< 출·퇴근 시각 등 >

○ 사업장의 설비·시스템 도입·교체 및 수리, 사고 발생(위험)에 따른 안전확보 등의 사유로 한시적으로 출·퇴근 시각을 정하여 엄격히 적용·관리하는 경우 ··· (○)

○ 재량근로에서 통상적인 시업·종업 시각을 엄격히 적용·관리하는 경우 ··· (X)

○ 서면합의로 업무의 완성을 위해 필요한 근무시간대를 정하는 경우 ······ (○)

○ 사실상 출·퇴근 시각을 정하는 것과 같이 필요 근무시간대를 지나치게 넓게 설정·배치하는 경우 ······ (X)

---

13) 고용노동부, 『재량간주근로시간제운영 가이드』, 2019. 7. 31.

또한, 근로자가 시간 배분에 관하여 구체적인 지시를 받지 않아야 재량근로에 해당한다. 예컨대, 사용자가 시업 및 종업 시각을 준수하도록 지시하고, 지각·조퇴를 하면 주의를 주거나 임금을 삭감하는 것은 재량근로에 해당하지 않는다.

또한, 자발적인 시간 배분을 방해할 정도로 업무보고·지시·감독을 위한 회의참석 의무를 정하는 경우에도 재량근로의 본질에 어긋난다. 다만, 근로자의 동의를 얻는 경우 업무협조 등의 필요에 의해 예외적으로 회의시각을 정하는 것은 가능하다.

하지만, 업무 수행과 직접적으로 관련이 없는 직장 질서 또는 기업 내 시설 관리에 관한 사항은 지시·감독은 가능하다.

(3) 근로자대표와 서면 합의가 있을 것

재량근로시간제는 근로자들의 장시간 근로를 유발할 수 있으므로, 이를 막기 위해서 근로자 대표와 서면 합의가 필요하다. 서면 합의 내용은 다음과 같다.

① 대상 업무
② 사용자가 업무의 수행 수단 및 시간 배분 등에 관하여 근로자에게 구체적인 지시를 하지 아니한다는 내용
③ 근로시간의 산정은 그 서면 합의로 정하는 바에 따른다는 내용

〈표 6-0〉 재량근로시간제 노사합의서(예시)[14]

3) 연장·야간·휴일근로 및 휴일·휴가

서면 합의로 정한 근로시간은 법정근로시간 및 연장근로시간의 한
도 내에서 정해야 하며, 휴일·야간근로에 관한 규정은 그대로 적용
된다. 따라서 서면 합의에서 정한 근로시간이 법정근로시간(1일 8시
간, 1주 40시간)을 초과하는 경우 연장근로 가산수당을 지급하여야
하며, 휴일·야간근로가 노사합의로 정한 근무시간대에 포함되어 있
거나 사용자의 지시·승인에 의해 이루어지는 경우에는 가산수당을
지급해야 한다.

---

14)　고용노동부, 『유연근로시간제 가이드』, 2019. 8.

재량근로시간제를 도입한 경우에도 임산부와 연소자의 야간근로 및 휴일근로의 제한 규정, 산후 1년 미만 여성근로자의 시간외근로 제한 규정을 준수하여야 한다. 재량근로시간제 하에서도 휴일·휴가·휴게는 별도로 부여하여야 한다. 즉, 재량근로시간제가 적용되는 기간 동안 근로자가 소정근로일에 출근한 것으로 보고, 휴일·휴가를 부여하여야 한다.

4) 재량근로시간제 도입의 법적 효과

재량근로시간제 도입 요건을 충족하고 적법하게 운영되면, 근로자는 서면 합의에 명시된 근로시간을 근로한 것으로 본다. 재량근로시간제가 법적 요건을 갖추지 못한 채 운영되어 재량근로의 본질을 벗어나게 되면, 근로시간의 일반 규정이 적용되어 1일 8시간, 1주 40시간을 초과한 근로시간은 연장근로가 된다. 이 경우, 실근로시간 기준으로 근로시간 위반여부를 판단하고, 실근로시간을 토대로 임금 등 근로조건을 적용한다.

휴식은 근로시간을
충실하게 만든다

> 한 사람은 휴식도 없이 열심히 벼를 베었고, 다른 사람은 휘파람을 불면서 휴식을 취하고 어떤 때에는 논둑에서 장시간 앉아있기도 했다. 그런데 저녁 무렵에 보니, 휴식을 취한 사람이 훨씬 많은 벼를 베었다. 왜 그럴까? 휴식 없이 열심히 일한 사람은 낫이 무뎌져도 낫 가는 시간이 아까워서 무딘 낫으로 열심히 일했지만, 휴식을 취한 사람은 낫이 무뎌지면 논두렁으로 나와 낫을 갈면서 벼를 벴기 때문에 많이 벨 수 있었다.

- 본문 중에서

1 > 휴식은
업무몰입의 원천

휴식은 근로시간을 활성화시키고, 근로시간은 휴식을 소중하게 한다. 「근로기준법」에 서도 휴일·휴게·휴가로써 휴식을 보장하고 있다. 휴일은 모든 구성원이 쉬는 날이면 반면, 휴가는 나만 쉬는 날이다. 예컨대, 창립기념일은 모든 구성원이 쉬는 날이므로 휴일이지만, 아들의 졸업식 참석을 위해 쉬는 것은 나만 근로의무가 면제되는 것이므로 휴가이다.

휴게 시간은 근로시간 중간에 자유롭게 휴식을 갖는 시간이다. 근로시간 시작 전의 휴식이나 종료 후의 휴식은 휴게 시간이 아니며, 휴게 시간은 근로시간 가운데서 쉬는 것이다. 마치 고속도로 휴게소가 고속도로 중간에 있듯이. 그래서 휴게 시간은 휴일이나 휴가처럼 일 단위로 휴식하는 것이 아니라 잠시 쉬는 것이다.

휴식은 회사나 근로자들에게 중요한 역할을 하고 또한 문화생활의 상징임에도 불구하고 우리나라 임금 근로자들은 이를 제대로 활용하지 못하고 있다. 문화체육관광부의 조사[1]에 따르면, 근

---

1) 문화체육관광부, '우리나라 근로자 평균 연차휴가 15.1일 중 7.9일 사용', 2017. 7. 17.

로자 3명 중 1명이 작년에 부여된 휴가를 5개도 사용하지 못하고 있다고 한다. 그 사유는 직장 내 분위기(44.8%), 업무 과다 또는 대체 인력 부족(43.1%), 연차휴가 보상금 획득(28.7%) 등이 주된 이유였다.

어느 책에서 읽은 이야기이다. 두 사람이 논에서 벼를 베고 있었다. 한 사람은 휴식도 없이 열심히 벼를 베었고, 다른 사람은 휘파람을 불면서 휴식을 취하고 어떤 때에는 논둑에서 장시간 앉아있기도 했다. 그런데 저녁 무렵에 보니, 휴식을 취한 사람이 훨씬 많은 벼를 베었다. 왜 그럴까? 휴식 없이 열심히 일한 사람은 낫이 무뎌져도 낫 가는 시간이 아까워서 무딘 낫으로 열심히 일했지만, 휴식을 취한 사람은 낫이 무뎌지면 논두렁으로 나와 낫을 갈면서 벼를 벴기 때문에 많이 벨 수 있었다.

조직 구성원에게 휴식은 낫을 가는 행위와 같다. 휴식은 신경세포들을 다듬고 관리하는 등 뇌를 치유하고 재정비하게 한다. 우리가 휴식과 여행을 마치고 나면 뜻밖의 문제에 해답을 찾는 경우도 이 때문이다. 고대 그리스의 수학자인 아르키메데스는 '목욕통'에서 금관의 불순물을 찾는 방법을 알아냈고, 뉴턴은 '사과나무 아래'에서 만유인력의 법칙을 발견했다. 결국 휴식은 구성원에게만 필요한 것이 아니라, 기업에게도 꼭 필요한 활동이다.

특히 4차 산업혁명 시대에는 창의성과 아이디어, 문제해결능력 등이 중요하다. 창의성과 아이디어 등의 뒷면에는 휴식이 있다. 이제 기업에서 근로자의 업무몰입도를 높여 전략목표를 달성하고 생산성 향상 등 기업 경쟁력을 높이기 위해서는 근로시간 관리 못지않게 행복 관리·휴식 관리도 필요하다.

2 > 휴일은
문화생활의 척도

1) 의의

휴일은 모든 구성원이 근로의무가 면제되는 날로, 처음부터 근로를 제공할 의무가 없는 날이므로 소정근로일에서 제외되는 날이다. 휴일에는 세 가지 종류가 있다. 첫째 노동법에서 유급으로 인정하는 주휴일(보통 일요일)과 근로자의 날(5/1)의 법정휴일이고, 둘째, 기업의 단체협약이나 취업규칙에서 휴일로 인정하는 약정휴일이며, 셋째, 주 5일 근무제에서 토요일이나 교대근무제의 비번일과 같은 휴무일이다.

이러한 휴일제도는 연속된 근로에서 근로자의 피로와 건강회복으로 노동력의 재생산과 산업재해를 예방하고, 여가이용을 통하여 인간으로서의 사회적·문화적 생활을 가능하도록 하는 데 중요한 역할을 한다.

2) 주휴일

(1) 의의

「근로기준법」에서는 모든 근로자에게 주휴일을 보장하고 있다. "사용자는 근로자에게 1주일에 평균 1회 이상의 유급휴일을 주어야 한다."라고 주휴일을 규정하고 있다. 또한 "유급휴일은 1주 동안 소정근로일을 개근한 자에게 주어야 한다."라고 규정하고 있다.

즉, 사업장에서는 1주간의 소정근로를 개근한 근로자에게 1주일에 평균 1회 이상의 유급휴일인 주휴일을 부여해야 한다.

(2) 부여 요건

주휴일의 혜택을 받으려면, ① 1주일간 소정근로일의 개근, ② 1주일 소정근로시간이 15시간 이상, ③ 다음 주 근로의 예정이라는 세 가지 요건을 충족해야 한다.

① 1주일간 소정근로일의 개근

주휴일은 1주일 단위로 발생한다. 여기서 1주일은 특정일을 기준으로 하여 연속한 7일을 의미하고, 그 기간 중에 1회 이상의 휴일을 부여하면 된다. 주휴일간의 간격도 반드시 7일이어야 하는 것은 아니고, 월력으로 일요일부터 토요일인 것도 아니다.

즉, 1주일에 평균 1일 이상을 주휴일로 부여할 경우, 주휴일간의 간격이 7일을 넘는 경우도 있고 미달하는 경우가 있다[?] 하더라도 법 위반으로 볼 수 없다.[2] 예컨대, 교대근무 일정상 이번 주에는 월요일이 주휴일에 해당하고 다음 주에는 목요일이 주휴일이면 그 간격이 9일이 된다. 이렇게 해도 법 위반이 아니라는 것이다.

또한, 1주간의 소정근로일은 당사자가 근로하기로 정한 날로 통상적으로 월요일부터 금요일을 말한다. 주중에 공휴일이나 휴업이 들어 있다면, 이런 날들은 소정근로일에 해당하지 않고 나머지 근무일만 개근하면 주휴일이 발생한다. 예컨대 추석이 수·목·금인 어떤 주의 경우, 월요일과 화요일을 개근했다면 주휴일이 발생한다.

개근이란 의미는 근로제공의무가 있는 날, 즉 소정근로일에 결근하지 않은 것을 의미하고, 결근이란 소정근로일에 근로자가 임의로 출근하지 않는 것을 말한다. 지각이나 조퇴가 있었다고 하더라도 소정근로일에 출근하였다면 결근으로 볼 수 없고[3] 개근으로 보아야 한다. 취업규칙에 3회 이상 지각이나 조퇴를 할 경우 1일 결근으로 보고 해당 주에는 주휴수당을 지급하지 않는 경우, 이것은 「근로기준법」상의 개근을 만근으로 잘못 적용한 위법한 규정이다.

2) 근기 68207-3309, 2002. 12. 2.
3) 근기 1451-21279, 1984. 10. 20.

만근이란?

만근이란 소정근로일에 모두 출근하여 지각, 조퇴 등이 없이 1일 소정근로일에 8시간의 소정근로시간을 모두 채운 것을 의미함.

② 1주일 소정근로시간이 15시간 이상

주휴일을 부여하는 것은 계속근로로 인한 피로를 회복시켜 재생산활동에 임할 수 있도록 하는 데 있다. 그래서 1주일 소정근로시간이 15시간 미만인 경우에는 주휴일이 발생하지 않는다.

예컨대 토요일과 일요일 2일만 9시간씩 총 18시간 근무하기로 약정한 근로자가 개근하고 다음 주의 근로가 예정되어 있는 경우에는 주휴수당이 발생하지만, 월요일부터 금요일까지 매일 2시간씩 근무하기로 약정한 근로자는 1주 소정근로시간이 15시간 미만이므로 유급주휴가 발생하지 않는다.

③ 다음 주에 1일 이상 근무(다음 주의 근로가 예정)

주휴일은 노동 재생산을 위해 휴식을 부여하는 것이므로, 다음 주의 근로가 예정되어 있어야 주휴일이 발생한다. 월요일부터 금요일까지 근무하고 퇴직하는 경우에는 그다음 주의 근로가 발생하지 않으므로 주휴일이 발생하지 않는다. 주휴일을 발생시키려면, 그다음 주에 1일 이상 근무해야 발생한다.

(3) 부여 방법

주휴일은 1주일에 평균 1회 이상 부여하여야 한다. 이때 1회 주휴일은 원칙적으로 오전 0시부터 오후 12시까지의 역일을 의미하지만, 교대제 작업 등의 경우 계속 24시 시간의 휴식을 보장하면 휴일을 부여한 것으로 간주한다.[4]

주휴일은 반드시 일요일에 주어야 하는 것은 아니다. 근로계약서나 취업규칙 등에서 미리 정해진 어느 특정일에 주휴일을 부여하면 된다. 다만, 주휴일은 특정일을 지정하여 주는 것이 바람직하나, 교대제 등에 있어서는 근로자가 미리 예측할 수 있도록 규칙적으로 주어진다면 주휴일을 부여한 것으로 본다. 즉, 소정근로일 사이에 존재하는 휴무일 중 평균 1주일 간격으로 1일을 지정하여 주휴일을 부여하면 된다.[5]

평균 1주간 1일을 부여함에 있어서는 반드시 7일 간격을 지킬 필요는 없고 평균하여 1주일에 1일 이상을 부여하여도 무방하다. 다만, 월 단위로 4~5일을 일괄 부여하는 것은 「근로기준법」 위반에 해당한다.[6]

하루 근무(근무일)하고 익일에 휴무(비번일)하는 격일제 근로자의 경우도 1주일간에 1일의 휴무일을 주휴일로 정하여 유급처리해야 한다.

---

4) 근기 01254-3068, 1987. 2. 25.
5) 대법원 1992. 1. 8., 90다카21633.
6) 근기 01254-9675, 1990. 7. 10.

격일제 근무자의 결근 처리(근기 68207-880, 1997. 7. 4.)

격일제 근무에 있어서의 비번일은 전날의 근무일에 정상적인 근무가 이루어지는 경우에 인정되는 휴무일로 전날의 정상적인 근무여부와 관계없이 인정되는 휴일과는 그 성격이 다름. 근무일에 결근한 경우, 익일의 비번일을 포함하여, 1일의 결근이 아닌 2일의 결근으로 보는 것은 무방하다고 할 것임. 또한 이와 같은 법리로 연차휴가 등을 부여함에 있어서도 근무일과 익일의 휴무일을 함께하여 2일의 휴가를 부여하는 것도 무방함.

(4) 부여 효과

주휴일은 상시근로자 5인 미만 사업장에도 적용되고, 또한 기간제 근로자, 단시간근로자, 일용직 근로자 등 근로 형태를 불문하고 적용된다. 다만, 「근로기준법」 제63조 감시·단속적 근로자와 1주 15시간 미만의 초단시간근로자에게는 적용되지 않는다.

주휴일은 유급휴일이므로 임금을 지급해야 하는데, 이를 주휴수당이라 한다. 주휴수당은 소정근로시간에 대한 통상임금으로 지급된다. 즉, 1일 소정근로시간이 8시간인 경우 8시간분의 통상임금, 7시간인 경우에는 7시간의 통상임금이 주휴수당이다. 그런데 격일제 근로자로서 소정근로시간이 17.5시간이더라도 소정근로시간은 법정근로시간을 초과할 수 없으므로 8시간분의 통상임금을 지급하면 되고 나머지 시간은 연장근로에 해당한다.

한편, 월급제 근로자는 그달의 근로일수와 밀접한 관계없이 고정급이 지급되고 있으므로 별단의 규정이 없는 한 주휴수당은 월급에 포함된 것으로 본다.[7] 따라서 월급제 하에서는 주휴일의 요건을 충족하면 휴일만 부여하면 되지, 별도의 주휴수당을 지급할 필요는 없다. 또한 연봉제 및 주급제도 월급제와 동일하게 주휴수당을 포함하고 있는 것으로 본다(<그림 7-1> 참조).

하지만, 일급제·시급제에서는 주휴일 요건을 충족하면 일급 또는 시급 외에 별도의 주휴수당을 지급해야 한다. 왜냐하면 일급은 1일의 임금 지급 기준액이고 시급은 1시간의 임금 지급 기준액이므로, 여기에는 주휴수당을 포함하고 있지 않기 때문이다.

<그림 7-1> 급여제도와 주휴수당

1시간의 임금	1일의 임금	1주일의 임금	1개월의 임금	1년의 임금
시급	일급	주급	월급	연봉

주휴수당 미포함 (시급-일급)
주휴수당 포함 (주급-월급-연봉)

(5) 쟁의행위와 주휴일

쟁의행위기간이 주 소정근로일의 전부인 경우에는 주휴일제도의 취지에 비추어 볼 때 주휴일을 부여할 의무는 없으며, 적법한 쟁의

---

7) 근기 01254-15854, 1986. 9. 28.

행위로 주중에 쟁의행위가 종료된 경우에는 쟁의행위 기간을 제외한 나머지 소정근로일수에 대한 출근율에 따라 주휴일을 부여하여야 한다.[8]

노동조합이 행한 1일 파업이 정당한 쟁의행위라면 파업한 날을 제외한 나머지 소정근로일을 개근하였을 때 주휴가 발생되나, 불법 쟁의행위라면 주휴가 발생하지 않는다.[9]

근로시간 중에 부분적인 불법파업(또는 적법파업)으로 1일 8시간의 근로제공이 이루어지지 않은 경우, 소정근로일 단위로 해당 일에 출근하여 근로를 제공하였다면 주휴일을 부여하여야 한다.[10]

3) 근로자의 날

노동절이라고 불리기도 하는 근로자의 날은 「근로자의날제정에관한법률」에 의거 매년 5월 1일이며, 유급휴일이다. 이는 근로자의 노고를 위로하고 근무의욕을 높이기 위해 제정된 법정휴일이다.

근로자의 날은 법률로서 특정한 날을 유급휴일로 정하고 있으므로 다른 날로 휴일을 대체할 수 없으며, 동 휴일을 다른 날로 대체하여 근로자의 날에 근로한 경우에는 「근로기준법」 제46조에 의한

---

8) 근로기준과-603, 2010. 8. 23.
9) 근로조건지도과-4581, 2008. 10. 20.
10) 임금근로시간정책팀-1689, 2006. 7. 10.

휴인근로수당을 지급하여야 한다.[11]

한편, 감시단속적 근로자는 「근로기준법」의 근로시간이나 휴게·휴일 규정의 혜택은 받지 못하지만, 근로자의 날은 유급휴일로 보장받는다. 왜냐하면 근로자의 날은 「근로기준법」에서 보장하는 휴일이 아니기 때문이다. 다만, 이들이 일반 휴일에 근무하더라도 가산수당 적용 대상이 아니기 때문에, 근로자의 날에 근무해도 휴일 가산수당의 지급대상은 아니다.

4) 약정휴일

약정휴일은 회사의 단체협약이나 취업규칙 등에서 정하는 휴일이다. 예를 들면, 회사 창립기념일, 여름 하기휴가 등이 약정휴일에 해당한다. 약정휴일은 「근로기준법」에서 규정하는 것이 아니므로 휴일의 부여 여부, 휴일의 유·무급 등은 취업규칙, 단체협약 등에서 정한 바에 따른다.

우리가 법정휴일로 오해하는 공휴일(달력의 빨간 날)이 대표적인 약정휴일이다. 원래 공휴일은 「관공서의공휴일에관한규정」에 의해 공무원이 쉬는 날이지, 일반 기업의 근로자에게는 적용되지 않는

---

11) 근기 68207-806, 1994. 5. 16.

다. 그래서 기업에서는 공휴일을 휴일로 정할 수도 있고, 정하지 않을 수도 있다. 그동안 대부분의 대기업은 공무원과 동일하게 공휴일을 유급휴일로 규정하고 있지만, 중소기업은 연차휴가로 대체하여 휴일로 사용하는 경우가 많다.

2018년 「근로기준법」 개정으로 공휴일이 약정휴일에서 법정휴일(유급)로 바뀌게 되었다. 이제 5인 이상 사업장에 근무하는 근로자들도 공휴일을 공무원처럼 유급휴일로 쉴 수 있게 되었다. 다만, 시행시기가 〈그림 7-2〉에서 보는 것처럼 기업규모에 따라 다르고, 2022년 1월 1일부터는 5인 이상 모든 사업장에 적용된다.

〈**그림 7-2**〉 관공서 공휴일의 민간적용 시기

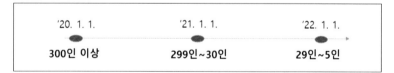

5) 휴무일

휴무일은 근로제공의무가 없는 날을 말한다. 1주 40시간 근무제에서 토요일을 유급휴일을 정하면 휴일이 되지만, 아무 언급이 없으면 휴무일이 된다. 휴무일은 무노동 무임금이 원칙에 따라 별도의 약정이 없는 한 무급이다.

휴무일은 교대근무제에서도 발생한다. 교대근무제의 비번일 중 주휴일 1일을 제외한 날이 휴무일이다. 예컨대 1주일에 4일 근무하고 3일 쉬는 경우, 쉬는 날 3일 중, 주휴일 1일을 제외한 나머지 2일이 휴무일이다. 격일제 24시간 근무에서 비번일 중 주휴일 1일을 제외한 날이 휴무일이다.

휴무일에 근로하게 되면, 1주 40시간 또는 1일 8시간을 초과하지 않는 한 연장근로는 발생하지 않는다. 만약 휴무일의 근로로 1주 40시간을 초과하게 되면 연장근로에 해당하여 50%의 가산수당을 지급해야 하나, 휴일이 아니므로 휴일근로 가산수당은 지급할 필요가 없다.

노사합의를 통하여 토요일 휴무일을 유급휴일로 정할 수 있다. 만약 휴무일이 유급휴일로 되면 휴무일에 근로에도 휴일근로 가산수당을 지급해야 한다. 또한 이는 통상임금을 산정할 때 기준시간에도 포함되어, 통상임금 산정기준시간이 바뀌게 된다. 예컨대, 토요일 휴무일을 유급휴일(8시간)로 정하면 통상임금 산정기준시간이 209시간에서 243시간[=(40시간+8시간+8시간)×365/7/12]으로 바뀐다 (<그림 7-3> 참조).

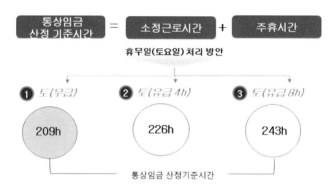

〈그림 7-3〉 휴무일과 통상임금 산정 기준시간

3 ❯ 휴게 시간 부여로 작업능률 향상 도모

1) 의의

휴게 시간은 근로자가 근로시간 도중에 사용자의 지휘·감독으로부터 벗어나 자유로이 이용할 수 있는 시간이다. 이러한 휴게 시간은 사용자의 지휘 명령으로부터 벗어나는 기간이므로 작업장의 사정으로 대기하는 대기시간과는 다르다.

사용자는 근로시간이 4시간인 경우에는 30분 이상, 8시간인 경우에는 1시간 이상의 휴게 시간을 근로시간 도중에 주어야 한다. 이때 '4시간인 경우'와 '8시간인 경우'는 각각 '4시간 이상', '8시간 이상'으로 보아야 한다.

이러한 휴게제도는 근로자가 계속해서 근로할 경우 육체적·정신적 피로가 쌓이게 되므로 근로자의 피로를 회복시키고 권태감을 감소시켜 노동력의 재생산 및 작업의욕을 확보·유지하는 데 그 목적이 있는 것이다.

2) 부여 방법과 길이

휴게 시간은 근무시간 도중에 주어야 한다. 업무 개시 전이나 업무 종료 후에 휴게 시간을 주는 것은 개념에서 벗어나고 허용하지 않는다.

휴게 시간의 증가는 근무시간과 선형적 관계가 아니라, 〈그림 7-4〉에서 보는 것처럼 계단식 관계이다. 예를 들어, 실근로시간 4시간을 경과하면서부터 휴게 시간 30분이 발생하여 실근로시간이 8시간이 되기까지 쭉 유지된다. 그리고 실근로시간이 8시간을 경과하면 휴게 시간이 1시간으로 증가하여 쭉 유지된다. 그래서 실근로시간이 7시간인 경우에도 30분의 휴게 시간이 발생하고, 근로시간이 11시간인 경우도 1시간의 휴게 시간이 발생한다.

〈그림 7-4〉 근무시간과 휴게 시간의 길이(최저기준)

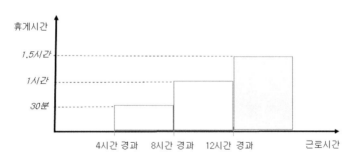

이러한 휴게 시간을 일시에 부여하는 것이 바람직하나 분할하여 부여하는 것도 가능하다. 휴게 시간은 근로자의 건강보호·작업능

률의 증진 및 재해방지에 그 목적이 있는 것이므로 휴게 시간을 일시적으로 부여하는 것이 휴게제도의 취지에 부합하다. 하지만, 작업의 성질 또는 사업장의 근로조건 등에 비추어 사회통념상 필요하다고 인정되는 경우, 휴게제도 본래의 취지에 어긋나지 않는 범위에서 휴게 시간의 분할 부여도 가능하다.[12]

근로시간 도중에 휴게 시간을 얼마나 길게 부여할 수 있을까? 「근로기준법」 제44조에서는 휴게 시간의 최저기준만을 규정하고 있을 뿐 최장시간에 대한 규제 규정이 없다. 그래서 업무상 형편에 따라 장시간으로 휴게 시간을 부여하는 것을 일정한 조건하에서 인정하고 있다. 예를 들면, 호텔이 경영하는 식당에서 조식과 중식 사이, 중식과 석식 사이 등 고객이 오지 않는 시간대에 사업장이 문을 닫고 일시적으로 영업을 중지하고 근로자에게 2~3시간 정도 긴 휴게 시간을 부여하는 경우이다.

법정시간 이상 상당히 긴 시간(2~4시간)의 휴게 시간에 대한 행정해석은 다음의 조건하에서 인정하고 있다.[13]

① 기후, 작업조건, 업무의 성격 등으로 그 필요성과 객관적인 타당성이 존재
② 단체협약, 취업규칙, 근로계약서 등에 미리 규정
③ 근로자가 휴게 시간을 자유로이 이용할 수 있도록 보장

---

12) 근기 01254-884, 1992. 6. 25.
13) 근기 01254-1344, 1992. 8. 11.

그래서 근로시간이 사용자의 구속하에서 다음 업무를 위한 준비상태에 있는 등의 대기시간이라면 이는 근로시간으로 보아야 한다. 하지만, 사업장의 작업 성질상 휴게 시간으로 인정되는 이상 그 휴게 시간이 장시간 계속된다 하더라도 이를 실근로시간으로 볼 수는 없다. 하지만, 휴게제도의 본래 취지에 어긋난 무제한 인정하는 것은 부당하다고 하겠다.

3) 휴게 시간의 이용

휴게 시간은 근로자가 자유로이 이용할 수 있다. 근로자가 휴게 시간을 사용자의 지휘·감독으로부터 벗어나 자유롭게 이용할 수 없다면 「근로기준법」상 휴게 시간으로 인정될 수 없다. 휴게 시간을 근로시간 도중이 아닌 업무의 시작 전 또는 업무가 끝난 후에 부여하는 것 또한 휴게 시간으로 인정될 수 없다.

휴게 시간의 자유로운 이용은 일체의 제약이 없는 무제한의 자유가 아니다. 이용 장소나 방법 등에 어느 정도 제한이 인정된다.

휴게 시간 중에는 사용자로부터 작업에 관한 지휘·감독으로부터 완전히 벗어나게 되는 것이며, 이에 따라 휴게 시간은 근로시간에 포함시키지 않고 있다. 그러나 휴게 시간은 근로할 의무가 없는 시간이기는 하지만 작업의 시작으로부터 종료 시까지 제한된 시간 중의 일부이므로 다음 작업의 계속을 위하여 어느 정도의 범위 내에서 사용자의 제약을 받는 것은 부득이하다. 에컨대 사업장 내의 최소한도의 질서유지를 위해 외출을 어느 정도 제한하거나 휴게 시간의 이용 장소와 이용방법을 사용자가 어느 정도 제한하는 것은 위법이라 할 수 없다.[14]

따라서 휴게 시간 중 음주 금지, 소란 행위 금지 또는 불필요한 외출의 제한 조치는 다음 작업 속행의 지장을 방지하기 위한 것이므로 반드시 위법이라고 볼 수 없다. 하지만, 휴게 시간 중의 조합 활동의 일환으로 유인물 배포 등을 하는 것은 다른 근로자들의 휴게를 방해하거나 구체적으로 작장질서를 문란하게 한 것이 아닌 한 인정되어야 한다.[15]

---

14) 법무 811-28682, 1980. 5. 15.
15) 대법원 1991. 11. 12., 91누4164.

4 ❯ 연차휴가 활용으로 워라밸 향상

1) 의의

연차휴가는 1년간 80% 이상 출근한 근로자에게 부여되는 유급 휴가이다. 이는 근로자의 정신적·육체적 피로를 회복하여 업무의 생산성을 제고시킬 수 있을 뿐만 아니라 근로자가 여가를 선용하도록 하여 워라밸(Work & Life Balance)을 향상시킨다.

2) 연차휴가일수의 산정

(1) 1년간 80% 이상 출근한 근로자

사업장에서는 1년간 80% 이상 출근한 근로자에게는 15일의 유급휴가를 주어야 하고, 80% 미만으로 출근한 근로자에게는 1개월 개근 시 1일의 연차휴가를 주어야 한다. 예를 들어, 입사 2년 차 직원이 6개월간 질병휴직을 하고 나머지 6개월은 개근하였다면, 이 직원의 연차휴가는 1년간 80% 미만 출근했기 때문에 15일의 연차휴가는 발생하지 않고, 6개월 개근에 대한 6개의 연차휴가만 발생한다.

(2) 계속하여 근로한 기간이 1년 미만인 근로자

신입사원은 매월 개근할 경우 1일의 연차휴가가 발생하여 1년이 되면 최대 11일이 발생하고 이렇게 발생한 연차휴가는 발생일로부터 1년 동안 사용하지 않으면 소멸된다. 그래서 입사 2년 차에는 이렇게 발생한 연차휴가 최대 11일과 최초 1년간 근로에 따라 발생한 연차휴가 15일을 합하여 최대 26일까지 발생했다. 하지만 2020년 3월부터 이 규정이 다음과 같이 개정되었다.

신입사원의 1년 미만 동안 발생한 연차휴가(최대 11일)는 해당 근로자의 입사일로부터 1년 동안 사용하지 않으면 소멸된다. 그래서 입사 2년 차의 연차휴가는 최초 1년간 근로에 따라 발생한 연차휴가 15일만 발생한다. 이러한 법 규정 개정은 신입사원들의 연차휴가 사용을 적극적으로 유도하여 워라밸을 강화하고자 하는 취지이다.

예컨대 2020년 5월 1일 입사한 직원이 1년간 개근하고 연차휴가를 하나도 사용하지 않았다면, 2021년 4월 1일에는 11일의 연차가 발생하고, 이는 2021년 4월 30일까지 사용하지 않으면 소멸된다. 그리고 2021년 5월 1일에는 최초 1년간 근로에 따른 연차휴가 15일만 발생한다. 개정 전의 규정에 의하면, 이 직원의 2021년 5월 1일 연차휴가는 최대 26일(=11+15)이 되었다.

(3) 근속기간이 1년 이상인 근로자

사용자는 3년 이상 계속하여 근로한 근로자에게는 제1항에 따른 휴가에 최초 1년을 초과하는 계속 근로 연수 매 2년에 대하여 1일을 가산한 유급휴가를 주어야 한다. 이 경우 가산휴가를 포함한 총 휴가일수는 25일을 한도로 한다.

연차휴가일수를 구하는 방정식은 '연차휴가일수=15일+(x-1년)/2, x=근속연수'이다. 다만, 연차휴가가 25일을 초과하게 되면 모두 25일이 되고, 계산 후 나머지는 버림 처리한다. 예컨대, 근속연수 8년인 경우, 연차휴가일수는 18일[=15+(8-1)/2=18.5, 0.5를 버림]이 된다.

3) 연차휴가 부여 방법

연차휴가를 계산하는 방법은 입사일 기준으로 하는 방법과 회계연도 기준으로 하는 방식이 있다.

(1) 입사일 방식

입사일 방식은 입사일로부터 1년이 되지 않은 시점까지는 한 달에 하나씩 부여하여 총 11일을 부여하고, 1년이 되는 시점에 앞의 11일을 포함한 15일을 부여하는 방식이다(<표 7-1> 참조).

입사일 방식은 연차휴가일수는 정확히 계산되지만, 개인별로 입사일이 다른 상황에서 연차휴일 계산을 매일 해야 하고, 특히 연차휴가 촉진 활동도 매일 해야 할 수도 있다. 그래서 많은 기업이 연차휴가 관리의 편의를 위하여 회계연도 방식을 택하고 있다.

(2) 회계연도 방식

회계연도 방식은 「근로기준법」의 산정 방식은 아니지만, 실무상 편의로 인정되고 있다. 이는 직원들의 다양한 입사 일에 대해 연차휴가를 편리하게 관리하기 위한 것으로, 근로자에게 불이익이 발생하지 않는 조건으로 매년 1월 1일부로 연차휴가일수를 일괄 부여하는 것이다.

예를 들면 2020년 7월 1일에 입사한 근로자의 2021년 1월 1일에 발생하는 연차휴가는 그동안 근속기간 6개월(2020. 7. 1.~12. 31.)에 대한 연차휴가 7.5일(=15일×182/365)이다. 향후 연차휴가 계산은 2021년 1월 1일에 입사한 것으로 본다. 이들에 대한 연차휴가 미사용수당은 2022년 1월 1일에 정산된다.

그리고 2022년 1월 1일에 발생하는 연차휴가는 1년 근속 연차휴가 15일이고, 이들에 대한 연차휴가 미사용수당은 2023년 1월 1일에 정산된다.

4) 연차휴가의 사용

사용자는 연차휴가를 근로자가 청구한 시기에 주어야 하고, 그 기간에 대하여는 취업규칙 등에서 정하는 통상임금 또는 평균임금을 지급하여야 한다. 다만, 근로자가 청구한 시기에 휴가를 주는 것이 사업 운영에 막대한 지장이 있는 경우에는 그 시기를 변경할 수 있다.

그래서 회사 운영에 막대한 지장이 없음에도 불구하고 회사가 휴가시기를 일방적으로 변경할 수는 없으며, '막대한 지장' 여부는 기업의 규모, 업무의 성질, 작업의 시급성, 업무대행의 가능성 등을 종합적으로 고려하여 판단하고 있다.[16]

대법원 판례에서도 사용자의 시기변경권은 엄격하게 해석하고 있다. '사업 운영의 막대한 지장'은 사업의 규모와 상황, 업무의 성질, 업무수행의 긴박성 등을 고려하여 개별 사례마다 판단되어야 하겠지만, 휴가를 실시함으로써 당연히 예측 가능한 사실들은 '사업 운영의 막대한 지장'에서 배제되어야 한다. 예컨대 연차휴가로 인하여 작업 인원이 감소하여 남은 근로자들의 업무량이 상대적으로 많아지거나 특정 근로자의 업무 특성상 대체 근로자 및 업무대체 방법의 확보 곤란 등은 통상 예견되는 것으로 '사업 운영의 막대한 지장'으로 볼 수 없다. 또한 '업무의 지장'과 '사업운영의 지장'은 구분되어야 하므로 지엽적인 업무상 문제, 즉 담당 근로자의 부재로 인한 '해당 업무의 지장' 내지 '특정 업무의 지연' 등은 특별한 사정이 없는 한 '사업 운영의 막대한 지장'으로 볼 수 없다.[17]

---

16) 근기 01254-3454, 1990. 3. 8.
17) 대법원 2019. 4. 4., 선고 2018누57171.

5) 연차휴가의 소멸

이러한 연차휴가는 1년간 행사하지 아니하면 소멸된다. 다만, 사용자의 귀책사유로 사용하지 못한 경우에는 그러하지 아니한다. 사용자의 귀책사유는 사용자가 시기변경권을 행사하여 근로자가 연차휴가를 사용하지 못한 경우이다. 이 경우에는 휴가청구권은 1년을 지나더라도 소멸되지 않고 이월한다.

다만, 근로자가 희망하는 경우에는 이월 대신에 연차휴가 미사용수당으로 대체 지급할 수 있다. 연차유급휴가 미사용수당은 사용하지 못한 휴가일수에 해당하는 통상임금 또는 평균임금으로 계산하며, 이때 가산수당은 발생하지 않는다.[18]

6) 연차휴가 사용 촉진제도

사용자가 연차유급휴가 미사용수당을 지급하지 않기 위해서는 연차휴가 사용촉진을 해야 한다. 연차휴가 사용촉진은 사용자가 미사용 연차휴가일수를 근로자에게 통보해 휴가사용을 촉진하는 조치 등을 취했음에도 불구하고 근로자가 연차휴가를 사용하지 않은 경우, 근로자에게 수당청구권이 발생하지 않도록 하는 제도이다.

당초 촉진대상이 되는 연차휴가는 1년 이상 근로한 경우 또는 1

---

18) 대법원 1991. 6. 28., 선고 90다카14758.

년간 80% 이상 출근한 근로자에게 발생하는 연차휴가였지만, 2020년 3월 「근로기준법」 개정으로 1년 미만 근로자에게 발생하는 연차휴가와 1년간 80% 미만 출근한 근로자의 연차휴가도 촉진대상이 되었다. 이들에 대한 연차휴가사용촉진 절차는 동일하지만, 그 시기는 〈표 7-1〉에서 보는 바와 같이 대상자에 따라 다르다. 1년 이상 근속 직원의 사용촉진은 사용기간 종료 6개월 전에 해야 하고, 1년 미만 근로자의 먼저 발생한 연차휴가 9일은 1년 근로기간이 끝나기 3개월 전에, 나중 발생한 2일은 1년 근로기간이 끝나기 1개월 전에 각각 해야 한다.

구체적으로 살펴보면, 사용촉진 업무처리는 연차휴가 사용기간이 끝나기 6개월(1년 미만 근로자는 1년의 근로기간이 끝나기 3개월 및 1개월) 전 기준으로 10일 이내(1년 미만 근로자의 나중 2일은 5일 이내)에 근로자 개인별 미사용 휴가일수를 알려주고, 근로자가 그 사용 시기를 정해 통보하도록 서면으로 촉구해야 한다. 서면촉구에도 불구하고 10일 이내에 미사용 휴가의 사용 시기를 통보하지 않을 경우, 연차휴가 사용기간이 끝나기 2개월(1년 미만 근로자 1개월 및 10일) 전에 사용자가 미사용 휴가의 사용 시기를 정해 근로자에게 서면으로 통보해야 한다.

〈표 7-1〉 연차휴가사용촉진 절차 및 시기(1월 1일 입사자 기준)

대상자		1차 사용 촉진 (사용자->근로자)	사용시기 지정통보 (근로자->사용자)	2차 사용 촉진 (사용자->근로자)
근속 1년 이상		7/1~7/10	7/11~7/20	7/21~10/31
근속 1년 미만	연차 9일(前)	10/1~10/10	10/11~10/20	10/21~11/30
	연차 2일(後)	12/1~12/5	12/6~12/15	12/16~12/21

연차휴가시기를 지정해 통보했음에도 근로자가 출근한 경우, 사용자는 노무수령거부의사를 명확히 표시해야 연차수당 지급의무가 면제된다. 그렇지 않고 사용자가 노무수령거부의사를 명확히 표시하지 않았거나 근로자에게 업무지시 등을 하는 경우에는 노무수령 승낙으로 보고 연차휴가 미사용수당을 지급해야 한다.

7) 연차휴가의 대체

연차유급휴가 대체제도는 사용자가 근로자대표와의 서면 합의를 통하여 특정근무일을 쉬도록 하고, 그 쉰 일수만큼 근로자의 연차휴가를 사용한 것으로 처리하는 제도이다.

일반기업에서는 연차휴가 대체사용제도를 많이 활용한다. 예컨대, 구정이나 추석 등 공휴일을 쉬면서 연차휴가로 대체하거나 또는 목요일이 휴일인 경우(일명 징검다리 휴일) 금요일에 전체 직원들을 쉬게 하고 이를 연차휴가로 대체하기도 한다. 연차휴가 대체제도는 회사에서 일방적으로 휴가를 부여하기 때문에 개별근로자의 휴가시기 지정권을 제한하는 예외적인 제도이다.

이러한 연차휴가 대체 제도는 근로자대표와의 서면 합의와 근로일의 휴일 지정이라는 요건을 충족해야 한다. 따라서 근로자대표와 서면 합의가 없거나 근로일이 아닌 날을 휴일로 지정하는 경우에는 연차휴가의 대체 사용은 성립하지 않는다.